EINFACH
ARTGERECHT

ETHIK UND VERHALTENSFORSCHUNG
FÜR EIN GLÜCKLICHES HUNDELEBEN

Anders Hallgren

EINFACH ARTGERECHT

ETHIK UND VERHALTENSFORSCHUNG FÜR EIN GLÜCKLICHES HUNDELEBEN

Titelbild: Dr. Richard Maurer

Autor und Verlag haben den Inhalt dieses Buches mit großer Sorgfalt und nach bestem Wissen und Gewissen zusammengestellt. Für eventuelle Schäden an Mensch und Tier, die als Folge von Handlungen und/oder gefassten Beschlüssen aufgrund der gegebenen Informationen entstehen, kann dennoch keine Haftung übernommen werden.

Copyright © 2014 by Cadmos Verlag, Schwarzenbek

Gestaltung und Satz: www.ravenstein2.de
Foto: Shutterstock.com, sofern nicht anders angegeben
Übersetzung: Maren Müller
Lektorat: Maren Müller

Druck: Westermann Druck, Zwickau

Deutsche Nationalbibliothek – CIP-Einheitsaufnahme
Die Deutsche Nationalbibliothek verzeichnet diese Publikation in der Deutschen Nationalbibliografie; detaillierte bibliografische Daten sind im Internet über http://dnb.ddb.de abrufbar.

Alle Rechte vorbehalten.

Abdruck oder Speicherung in elektronischen Medien nur nach vorheriger schriftlicher Genehmigung durch den Verlag.

Printed in Germany

ISBN: 978-3-8404-2039-9

INHALT

9	*Vorwort*
13	*Unser Hund – ein wahrer Freund*
14	Nasenkontakt
15	Hunde verteidigen ihre Besitzer
18	Hunde stellen den Familienfrieden wieder her
19	Alarm! Alarm!
23	Hunde tun uns einfach gut!
27	*Hunde verstehen*
28	Verstehen Hunde alles, was wir sagen?
29	Sind Hunde aufsässig?
31	Hunde beklagen sich nicht
32	Hunde verhalten sich egozentrisch
34	Hunde sind intelligente, emotionale Wesen
42	Begegnen und begrüßen – Hunde sind höflich
44	Hyperaktive Hunde sind unbeliebt
46	Stress und seine Nachwirkungen
48	Eingesperrt – Hunde auf engem Raum
51	*Erkenntnisse aus der Verhaltensforschung für ein glückliches Hundeleben*
52	Was macht einen guten Hundebesitzer aus?
54	Körperkontakt ist wichtig!
57	Spiegel der Seele
59	Kontrolle statt Unvorhersehbarkeit
61	Rangordnung und Anführerschaft
68	Geschlechterrollen bei Wölfen
71	Die Vorbildrolle
74	Die „Softies" gewinnen!
79	Leckerchen oder nicht?

INHALT

83	*Training muss sein, aber ...*
84	Das Für und Wider des Hundetrainings
88	Eigeninitiative ist wichtig!
91	Unglückliche gehorsame Hunde
94	„Natürliche Erziehung"
97	Energiebündel Junghund
98	Bestrafung, Korrektur und Maßregelung
100	So werden Spaziergänge zum Erlebnis
102	In vollem Lauf voraus – Ziehen an der Leine
104	Alte Hunde nicht vergessen
107	*Umgang mit Problemverhalten*
108	Scheue Hunde
110	Überforderung
111	Unterforderung
114	Langeweile – eine Qual für jeden Hund
116	Bei jedem Wetter ...
118	Gefährliche Hundehalsbänder
121	Hunde, die andere Hunde nicht mögen
123	Probleme zwischen kleinen und großen Hunden
123	Übermäßiges Bellen
126	Auch ein gesund wirkender Hund kann krank sein
132	PTBS – Posttraumatische Belastungsstörung
133	Hilfe, da ist eine Fliege!
136	Kastration ist keine gute Lösung
140	*Quellen*
143	*Stichwortregister*

Vorwort

Dieses Buch soll Ihnen als Wegweiser zur bestmöglichen Beziehung mit Ihrem Hund dienen. Es erklärt, wie Sie am besten mit ihm interagieren, ihn motivieren und führen und wie Sie einfach mit ihm zusammen sein und Spaß haben können. Die Ratschläge folgen einem rein ethischen Ansatz, der sich in vielen Fällen auf Tierschutzgesetze, behördliche Regelungen und Empfehlungen, aber ebenso auf den gesunden Menschenverstand und Empathie im Allgemeinen stützt. Des Weiteren basieren die Hinweise auf moderner Verhaltensforschung, die uns gezeigt hat, wie Hunde von Natur aus leben und welche Bedürfnisse sie haben. Außerdem werden Erkenntnisse aus der Lernpsychologie hinsichtlich der optimalen Trainingsmethoden für Hunde berücksichtigt – unabhängig davon, ob es um das Erlenen von etwas Neuem geht oder darum, den Hund von etwas abzubringen.

Wir leben in einer Welt, die geradezu überflutet ist mit Informationen über Hunde und mit Ratschlägen, wie wir mit ihnen zusammenleben und wie wir verschiedenste Verhaltensprobleme beheben sollen. Manche Leute argumentieren noch immer, dass harte Trainingsmethoden nur natürlich seien und, wie sie behaupten, nicht brutal. Ihren Standpunkt verteidigen sie mit verwirrenden Aussagen wie:

„Man muss ein besserer Anführer sein."
„Man muss eine klare Linie vorgeben."
„Man muss die Verantwortung übernehmen und sagen, wo es langgeht."
„Man darf die Verantwortung nicht an den Hund abgeben."

Andere hingegen sind der Meinung, dass wir mit unseren Hunden nicht ruppig umgehen sollten und dass wir davon absehen sollten, sie zu bestrafen. Sie empfehlen stattdessen einen freundlichen Umgang und positive Trainingsmethoden.

Hundebesitzer können dadurch leicht verunsichert werden: „Was ist nun richtig und was ist falsch?" Sie probieren verschiedene Methoden aus und hören sich alle möglichen Ratschläge an. Selbst wenn sie sich dabei unwohl fühlen, versuchen sie es vielleicht sogar mit härteren Trainingsmethoden, die in der Regel auch kurzzeitig zum gewünschten Ergebnis führen – allerdings tauchen die Probleme bald wieder auf.

Dieses Buch enthält einfache und praktische Empfehlungen, wie Sie Ihren Hund mit „weichen" Methoden artgerecht trainieren können. Heute gibt es reichlich wissenschaftliche Belege dafür, dass die Befürworter „weicher" Methoden richtig liegen. Ich bin davon überzeugt, dass wir Hunde mithilfe von Belohnungen und positiven Methoden trainieren sollten. Bestrafungen und grobe Auseinandersetzungen mit ihnen gilt es hingegen zu vermeiden. Was man seinem Kind im Traum nicht antun würde, sollte man auch seinem Hund nicht antun.

Anders Hallgren
Järna in Schweden, 2014

Unser Hund –
EIN WAHRER FREUND

Wir alle wissen, dass der Hund der beste Freund des Menschen ist. Darüber hinaus sind Hunde uns sehr ähnlich. Erstaunlich, aber wahr: Wir teilen etwa 75 Prozent der Gene mit ihnen! Genau wie wir sind sie soziale Lebewesen, für die die Familie das Wichtigste ist. Und auch Hunde kennzeichnen und schützen ihr Territorium, wenngleich nicht wie wir mit Zäunen und Warnschildern. Sie bedienen sich zu diesem Zweck anderer Mittel wie Bellen und Urinmarkierungen. Hunde halten Kontakt zu uns und kommunizieren viel mit uns, leider mehr, als wir wahrnehmen und verstehen. Hunde verteidigen uns, wenn sie uns in Gefahr glauben, und sie versuchen, den Familienfrieden aufrechtzuerhalten. Das Zusammensein mit einem Hund gibt uns ein gutes Gefühl und es wirkt sich nachweislich positiv auf unsere Gesundheit aus.

Ihre engen sozialen Beziehungen sind Hunden besonders wichtig, und sie tun viel für deren Stabilität. Sie beschützen einander, betreiben gegenseitige Fellpflege, spielen miteinander und suchen beim Ruhen Körperkontakt. Diese Verhaltensweisen zeigen Hunde häufig gegenüber Artgenossen, die sie gut kennen, und viele davon ebenso gegenüber ihren menschlichen Familienmitgliedern.

Um die Ursprünge des Verhaltens unserer Hunde zu verstehen, müssen wir uns näher mit ihren Vorfahren beschäftigen – den Wölfen.

Das Leben in der Wildnis ist unglaublich hart. Man geht davon aus, dass Wölfe in freier Wildbahn aufgrund der rauen Lebensbedingungen lediglich fünf oder sechs Jahre alt werden (9). Mit diesem Wissen ist es leicht zu verstehen, warum Wolfsrudel, deren Mitglieder eine gute Beziehung zueinander haben, sich gegenseitig beschützen und füreinander da sind, auch bessere Überlebenschancen haben.

Beobachtungen ergaben, dass die psychischen Bindungen zwischen den einzelnen Mitgliedern einer Wolfsfamilie so wichtig sind, dass die Tiere Verhaltensweisen zur Stärkung dieser Bindungen zeigen. Verhaltensweisen, die diese Bindungen schwächen könnten, etwa verschiedenste Formen von Aggression, sind hingegen äußerst selten.

Kollektives Bindungsverhalten

Hunde zeigen verschiedenste Verhaltensweisen, um innerhalb ihres Rudels Kontakt zu halten und Bindungen einzugehen. Wir kennen wahrscheinlich nur wenige davon. Ich bin jedoch sicher, dass wir in Zukunft mehr identifizieren werden, etwa kurze Blicke und leise, tiefe Laute, freundlichen Körperkontakt und unterschiedliche Arten der Fellpflege.

Nasenkontakt

Wir alle können dieses Verhalten bei Hunden beobachten. Wenn wir eine gute Beziehung zu unserem Hund haben, nimmt er häufig kurzen Kontakt mit der Nase auf, meistens an unseren Händen und Armen, aber auch an anderen Körperteilen.

Der verstorbene Verhaltens- und Wolfsforscher Erik Zimen beobachtete, dass umherstreifende Wölfe oft Nase-zu-Fell-Kontakt suchen. Er schloss daraus, dass alle Wölfe solche häufigen Kontaktaufnahmen nutzen, um die Bindung innerhalb des Rudels zu stärken (35).

Das Verhalten sieht oft so aus, dass ein Wolf einen Artgenossen sehr kurz anblickt und dessen Fell leicht mit der Nase berührt. So zart, dass der andere Wolf es gar nicht wahrzunehmen scheint. Direkt nach dem Nase-zu-Fell-Kontakt wirkt es, als wäre überhaupt nichts passiert. Schaut der Wolf, der berührt wurde, den an, von dem die Berührung ausging, richtet dieser seinen Blick geradeaus oder zur Seite, als wolle er sagen: „Schau mich nicht so an. Ich war das nicht." Genauso, als würde jemand Sie zum Spaß von hinten schubsen und dann so tun, als wäre er unschuldig.

KIRBYS NASENKONTAKT

Ich beschloss, mich bei dem Hund, um den ich mich gerade kümmerte – er hieß Kirby –, näher mit dem Nasenkontakt zu befassen. Mir war aufgefallen, dass Kirby häufig Nasenkontakt zu mir aufnahm.

Wann tat er das? Das war die erste Frage, auf die ich eine Antwort finden wollte.

Geschah es, während wir spazieren gingen, also wie Wölfe „umherstreiften", oder bei anderen Gelegenheiten? Außerdem wollte ich beobachten, wie er es tat.

Das Muster war eindeutig: Kirby nahm Nasenkontakt auf, wenn er ein erhöhtes Bedürfnis nach Verbindung oder Nähe zu mir hatte und wenn er wollte, dass ich bereit für irgendeine Art von Kommunikation war.

Die Spaziergänge: Hierbei erfolgten in der Regel nur wenige Nasenkontakte. Zu Beginn, wenn Kirby voller Energie steckte, war ich es, der Kontakt zu ihm aufnehmen musste. Auch wenn wir bekannten Wegen und Pfaden folgten, suchte er selten Nasenkontakt. Näherten wir uns jedoch Kreuzungen, an denen wir mal den einen und mal den anderen Weg nahmen, setzten die Nasenkontakte wieder ein.

Ebenfalls recht häufig waren sie, wenn wir in neuen Gebieten spazieren gingen, wenn es nichts Besonderes gab, das Kirbys Aufmerksamkeit erregte, und vor allem, wenn wir an heißen Tagen langsam unterwegs waren. Ich erinnere mich an mehrere Situationen, in denen er anhielt, im Schatten wartete und dann losrannte, um mich einzuholen. In dem Moment, wenn er mich erreichte, suchte er Nasenkontakt zu mir.

Der Esstisch und das Sofa vor dem Fernseher: Wenn ich mich dort aufhielt, waren Nasenkontakte am häufigsten – besonders wenn es etwas Essbares gab, aber auch, wenn das nicht der Fall war. Kirby kam dann zu mir und berührte mich mehrmals mit der Nase. Interessanterweise begann er schon vorher, Kontakt zu mir zu suchen, nämlich während das Essen zubereitet und serviert wurde.

Zusätzlich zum Nasenkontakt beobachtete ich, dass Kirby mir oft Blicke zuwarf. Sowohl der Körperkontakt als auch die Blicke kamen aus allen Richtungen – Kirby befand sich mal hinter mir, mal neben mir. Es war gar nicht so leicht, ihn aus dem Augenwinkel zu studieren, ohne ihn merken zu lassen, dass ich ihn beobachtete.

Bemerkenswert ist, dass er direkt nach einem Kontakt einen Schritt zurückging und wegschaute. Dieses Verhalten ist den meisten Hundebesitzern aufgefallen. Man fühlt die Berührung mit der Nase und wird vielleicht sogar angestupst, als wollte der Hund gestreichelt werden. Tut man das aber, scheint er es zu ignorieren.

Interessant ist auch, dass die Kontaktaufnahme meistens an Händen und Armen erfolgt. Möglicherweise haben diese Körperteile für den Hund eine besondere Bedeutung. Immerhin benutzen wir sie ständig, wenn wir Körperkontakt mit unseren Tieren aufnehmen.

Hunde verteidigen ihre Besitzer

Sollten Sie einmal bedroht werden, können Sie auf die Unterstützung Ihres Hundes zählen. Er wird denjenigen, der Sie bedroht, entweder angreifen oder er wird ihn zumindest durch anhaltendes Bellen verunsichern. Bei Hunden ist der Instinkt zur Verteidigung anderer Rudelmitglieder tief verwurzelt. Selbst der freundlichste Hund kann sich in eine wilde Bestie verwandeln, wenn sein Besitzer bedroht oder belästigt wird. Und das

Wenn wir uns hinlegen, sind wir in den Augen unserer Hunde besonders schutzbedürftig.

Beschützerverhalten von Hunden geht noch weit über das eben Beschriebene hinaus: Wenn Ihr Hund das Gefühl hat, dass Sie irgendwie verletzlich sind, wird er wachsamer sein und auf Sie aufpassen. Das passiert zum Beispiel, wenn Sie sich hinlegen, was in der folgenden wahren Geschichte der Fall war:

Es war ein schöner und entspannter Sommertag. Einer meiner Klienten sonnte sich auf einem Liegestuhl im Garten, während sein Hund neben ihm im Schatten ruhte. Die beiden dösten vor sich hin und genossen den Tag. Plötzlich hörte mein Klient ein Geräusch und sah auf. Das Nachbarkind, ein Junge im Teenageralter, näherte sich. Der Hund mochte den Jungen sehr und die beiden spielten häufig miteinander und tollten auf dem Rasen umher. Doch der Hund musste auf einmal blind geworden sein, denn er begann zu knurren! Erkannte er den Jungen nicht? Augenscheinlich war das so, denn je näher der Junge kam, desto lauter knurrte der Hund. Der Mann befahl ihm, still zu sein, und nannte den Jungen mit fröhlicher, freundlicher Stimme beim Namen, aber nichts schien den Hund zu beruhigen.

Mein Klient fragte sich, ob sein Hund wohl völlig verrückt geworden war. Er brüllte ihn an und versuchte, ihn zur Ruhe zu bringen, jedoch ohne Erfolg. Der Junge blieb verwirrt stehen. Die eigenartige Botschaft des Hundes, von dem er dachte, er sei sein Freund, ließ ihn zögern. Doch das Knurren hörte nicht auf. „Hier muss etwas ganz falsch laufen", dachte der Mann. Er setzte sich auf, um seinem Hund zu befehlen, endlich Ruhe zu geben und freundlich zu sein. Aber noch bevor er die Gelegenheit hatte, hörte der Hund von sich aus auf und begann, mit dem Schwanz zu wedeln. Der Mann war verblüfft. Noch vor einer Sekunde hatte sich der Hund wie eine Bestie aufgeführt und nun erkannte er den Nachbarjungen wieder als seinen besten Freund? Hatte er plötzlich eine gespaltene Persönlichkeit wie bei Dr. Jekyll und Mr. Hyde oder …?

HUNDE BESCHÜTZEN DIE VERLETZLICHEN

Nein, der Hund hatte nicht den Verstand verloren. Er hat sich ganz normal verhalten. Diese Situation kommt häufig vor, und das Beschützerverhalten eines Hundes kann sich ebenso gegen Familienmitglieder wie gegen Bekannte oder Fremde richten. Die Reaktion des Hundes hat etwas mit seinem wunderbaren instinktiven Bedürfnis zu tun, seine verletzten oder vorrübergehend geschwächten Kameraden zu schützen.

Dasselbe Verhalten zeigen auch andere in Gruppen lebende Tiere. Als ich ein Kind war, beobachtete ich es bei Rindern auf der Weide. Eine der Kühe war nach einer Operation wieder zurück in ihrer Herde und hatte Schmerzen. Eine andere Kuh blieb immer in ihrer Nähe und vertrieb jeden, der sich ihrer verletzten Freundin nähern wollte. Ich habe davon gehört, dass beispielsweise auch Elefanten sich so verhalten. Ich selbst habe das seither aber nur bei Hunden beobachtet.

Als ich in meiner Praxis noch telefonische Beratungen machte, riefen mich Hundebesitzer häufig an und suchten Rat, weil ihr Hund knurrte und Menschen beschützte, die sich in liegender Position befanden, sei es, weil sie schliefen, krank im Bett lagen oder sich einfach nur sonnten. In aller Regel stellen Hunde dieses Verhalten ein, wenn die Person aufsteht. In ihren Augen sind wir nur im Liegen verletzlich. Wenn wir aufstehen, können wir uns selbst verteidigen.

Schimpfen nützt nichts!

Zeigt ein Hund Beschützerverhalten, ist es sinnlos, ihn auszuschimpfen oder zu versuchen, ihn zu beruhigen. Beides wird seine Wachsamkeit nur verstärken. Die liegende Person sollte stattdessen aufstehen. Ist das nicht möglich, lockt man den Hund am besten mit einem Leckerchen weg. Werden Sie keinesfalls wütend auf den Hund. Er tut nur das, was er instinktiv für seine Pflicht hält.

Hunde stellen den Familienfrieden wieder her

Hunde wollen, dass es in ihrer Familie beziehungsweise ihrem „Rudel" ruhig und harmonisch zugeht. Unstimmigkeiten innerhalb einer so eng miteinander verbundenen Gruppe wie einem Wolfsrudel könnten die Chancen auf erfolgreiche Jagd und Verteidigung mindern und so das Überleben aller gefährden. Hunde scheinen dieses Bedürfnis nach Frieden in ihrer Gruppe geerbt zu haben und gehen in der Regel dazwischen, wenn sie erkennen, dass Freunde drohen in Streit zu geraten. Ich habe es mehrfach erlebt, wie Hunde eingriffen, wenn zwei Artgenossen sich steif gegenüberstanden, jederzeit bereit, einen Kampf zu beginnen. So bemerkte beispielsweise ein Border Collie, dass zwei seiner Kumpel derart kampfbereit dastanden und sich mit hochgezogenen Lefzen tief anknurrten. Plötzlich begann der Border Collie wie ein Irrer um die beiden Kontrahenten herumzurennen. Das führte dazu, dass die beiden Streithähne sich beruhigten und die Situation ohne einen Kampf aufgelöst wurde. Wie soll man auch kämpfen, wenn jemand wie verrückt um einen herumrennt?

Bei anderer Gelegenheit wurde ich Zeuge einer ähnlichen Situation mit zwei wütenden Hunden und einer älteren Deutschen Schäferhündin, die den Konflikt der beiden erkannte. Sie sauste sofort los und direkt zwischen die beiden Streithähne, sodass sie auseinandersprangen. Der Konflikt war beigelegt.

Denken Sie dran, wie oft es passiert, dass ein Hund an seinen Besitzern hochspringt, wenn sie sich umarmen oder miteinander tanzen. Das tut er nicht aus „Eifersucht", was häufig fälschlicherweise angenommen wird. Der Hund sieht, dass „Mama" und „Papa" dicht beieinanderstehen, und wertet das als Auftakt zu einem Kampf. Instinktiv möchte er sie trennen, um den Frieden wiederherzustellen.

Ein wichtiger Teil des Bildes, das sich einem Hund bietet, wenn er eine Situation

Umarmungen sind für uns Ausdruck der Zuneigung. Hunde empfinden sie als irritierend.

als Risiko einstuft, ist die Tatsache, dass zwei Menschen nah beieinanderstehen. Nähe und Körperkontakt haben eine intensive Wirkung auf Hunde. Deshalb knurren Hunde, drehen sich weg oder zeigen sich unterwürfig, wenn man sie umarmt. Sie empfinden das als Bedrohung. Hunde und Umarmungen passen einfach nicht zusammen.

Mir tun bei Ausstellungen immer die Hunde leid, die der Richter zum Sieger kürt. Der überglückliche Hundebesitzer umarmt seinen Hund dann stürmisch. Er sieht dessen Gesichtsausdruck nicht – ich schon. So ein Hund sieht sehr unglücklich aus. Seine Lefzen sind nach hinten gezogen, sein Kinn ist angehoben und seine Ohren sind nach hinten geklappt – alles eindeutige Zeichen von Unterwerfung, als wollte der Hund sagen: „Tut mir leid, ich werde mir Mühe geben, nicht noch mal zu gewinnen."

Alarm! Alarm!

Es gibt viele Fälle, in denen Tiere ihre Besitzer vor einem Feuer gewarnt haben. Hier ist eine wahre Geschichte:

Mitten in der Nacht breitet sich im Haus langsam ein schwacher Geruch aus. Es ist der kaum wahrnehmbare Geruch des betäubenden und gefährlichen Gases Kohlenmonoxid, das Rauch und Feuer ankündigt. In den alten Kabeln hat es einen Kurzschluss gegeben, sie glühen immer stärker und plötzlich schießt eine Flamme aus der Holzwand. Graubrauner Rauch steigt langsam ins Obergeschoss auf, in dem die Familie schläft. Es wird nicht mehr lang dauern, bis ihr Fluchtweg über die Treppe nach unten versperrt ist …

Ein Winseln des Hundes wird schnell zu einem ängstlichen Jaulen. Das kurze, leise Bellen wird bald schon lauter, und dann rennt der Hund ins Schlafzimmer, wo es ihm gelingt, die Eltern zu wecken. Sie begreifen die Situation sofort und handeln schnell.

Hunde sind Schutzengel

Hunde passen auf ihre Lieben auf. Es kam schon vor, dass ein Hund die Eltern gewarnt hat, wenn das Baby Atembeschwerden hatte oder in der falschen Position schlief. Einmal rannte ein kleiner Terrier aufgeregt bellend die Treppe hinunter und in die Küche. An seinem eigenartigen Verhalten erkannte die Mutter, dass etwas nicht in Ordnung war. Sie unterbrach das Kochen und fragte: „Was ist los, mein Schatz?" Daraufhin drehte der Hund um und rannte vor ihr her die Treppe hoch zum Kinderzimmer. Dort lag ihre neugeborene Tochter im Bettchen und drohte zu ersticken! Dank des Hundes konnte sie gerettet werden.

Sie haben noch genug Zeit, um nach draußen zu rennen und sich und ihr neugeborenes Baby zu retten.

Das alles geschah im Jahr 1965. Die Hündin hieß Pia und war ein fünfjähriger Boxermischling. Einige Wochen zuvor hatte diese Familie sie bei sich aufgenommen und ihr die Chance auf ein neues Leben gegeben. Niemand sonst hatte sie haben wollen. Zu dieser Zeit leitete ich das Tierheim einer schwedischen Hundeschutzorganisation in Stockholm. Ich hatte unsere Besucher, die auf der Suche nach einem Haustier waren, regelrecht angefleht, Pia aufzunehmen. Sie war ein älterer Hund und, ehrlich gesagt, nicht gerade hübsch. Diese Familie hatte sich nach einigem Zögern entschieden, Pia zur Probe mitzunehmen.

Pia wurde zur Heldin, und die schwedische Tageszeitung „Expressen" widmete den Ereignissen in dieser Nacht einen einseitigen Bericht. Von einer Probezeit war nicht mehr die Rede, und es spielte auch keine Rolle mehr, dass Pia schon ein älterer Hund war. Sie durfte für den Rest ihres Lebens bei ihrer neuen Familie bleiben.

Nach diesem Vorfall fragte ich mich oft, warum Hunde ihre Besitzer wecken und vor einem ausbrechenden Feuer warnen können. Das tun jedoch nicht alle Hunde. Feuerwehrleute haben mir berichtet, dass in der Regel die Haustiere zusammen mit ihrer Familie im Feuer ums Leben kommen.

Erst viele Jahre später begann ich zu verstehen, warum Hunde auf Rauch und Feuer alarmiert reagieren. Ich erkannte auch, dass man sie entsprechend trainieren und so die Chance, dass sie ihre Familien im Brandfall warnen, enorm erhöhen kann.

EIN ZÖGERLICHER BEGINN

Ich entwickelte eine gut funktionierende Trainingsmethode, die ich 1985 meinen Hundetrainer-Schülern vorstellte. Sie zögerten jedoch. Das war etwas völlig Neues, und außerdem waren bei der Methode Rauch und Feuer im Spiel. Sie waren nicht gerade begeistert von der Idee, und nach einigen Versuchen, sie zu überzeugen, gab ich auf.

Hunde können lernen, ihre Familie im Brandfall zu warnen.

Zehn Jahre später, damals lebte ich in Ojai, Kalifornien, fragte mich eine Hundetrainerin, ob ich irgendwelche Ideen für eine neue Art des Hundetrainings hätte, die sie in ihr Programm mit aufnehmen könnte. Sie hatte wirklich genug von „all dem üblichen Kram", das heißt davon, in erster Linie Gehorsamstraining für Junghunde zu unterrichten. Ich erzählte ihr von dem Rauchalarm-Training, für das sie sich sofort begeistert zeigte.

Ich führte ihr das Prinzip des Rauchalarm-Trainings erst einmal vor und dann begannen wir mit der Umsetzung. Der erste ausgebildete Rauchalarm-Hund war ein zweijähriger Border Terrier. Der nächste war Zippy, ein vierjähriger Mischling. Das Interesse an dem Training wuchs und es fanden Kurse in Schweden und mehreren anderen Ländern statt. Heute erreichen mich aus vielen Ländern Berichte von entsprechend ausgebildeten Hunden, die ihre Familien bei Ausbruch eines echten Feuers hatten warnen können. Ich möchte von Nero erzählen, einem schwarzen Labrador aus Deutschland. Eines Tages rannte er zu seiner Besitzerin in die Küche und bellte wie verrückt. Die Frau begriff, dass etwas nicht stimmte, und folgte Nero, der zurück ins Wohnzimmer lief. Dort sah sie sofort, was los war: Jemand hatte eine brennende Kerze auf ein Brett des Bücherregals gestellt, und die Hitze der Kerzenflamme versengte nun das darüberliegende Brett. Es glühte bereits und hätte ohne die Warnung des Hundes zum Ausgangspunkt eines gefährlichen Feuers werden können. Die deutschen Zeitungen schrieben über Nero.

Auch den kleinen Australian Shepherd Ozzy werde ich nie vergessen. Seine Besitzerin nahm an einem meiner Rauchalarm-Training-Kurse für Hundetrainer teil. Ozzy war damals noch ein kleiner, dreieinhalb Monate alter Welpe. Beim Kurs beobachtete er einfach nur die anderen Hunde beim Training. Er lief mit seiner Besitzerin Marie umher und die beiden machten auch ein paar spielerische Rauchalarm-Übungen. Eines Tages, als Ozzy bereits ein Jahr alt war, kam er aufgeregt in Maries Schlafzimmer gerannt. Als Hundepsychologin begriff sie sofort, dass etwas nicht stimmte. Sie folgte Ozzy nach draußen. Dort entdeckte sie sofort den Rauch, der aus dem an das Haus angebauten Pumpenhäuschen aufstieg. In der Elektrik hatte es einen Kurzschluss gegeben und jeden Moment hätte ein echtes Feuer ausbrechen und auch auf das angrenzende Wohnhaus übergreifen können. Dank des Hundes ist jedoch nichts passiert. Ich war beeindruckt, als ich erfuhr, dass Ozzy in den folgenden Jahren den neuen Hunden in der Familie tatsächlich beibrachte, vor Rauch und Feuer zu warnen. Sie haben es wirklich nur von ihm gelernt, ohne irgendein anderes Training!

VIEL FRÜHER ALS TECHNISCHE RAUCHMELDER

Hunde warnen mindestens eine Minute früher als technische Rauchmelder. Das bedeutet jedoch nicht, dass Sie auf diese Geräte verzichten können. Sie gehören natürlich in jeden Haushalt.

Weil Hunde so schnell auf Rauch und Feuer reagieren können, ist das Rauchalarm-Training bei der Feuerwehr auf sehr positive

Resonanz gestoßen. Mittlerweile zeigen auch Versicherungsgesellschaften Interesse daran.

Während ein Rauchmelder nur auf eine bestimmte Menge Rauch im gleichen Raum reagiert, erkennt ein Hund bereits sehr kleine Mengen Rauch, selbst wenn diese sich in anderen Räumen entwickeln, und reagiert darauf – lange bevor der Rauch bei ihm angekommen ist. In einem Experiment, das wir hierzu durchführten, ging der technische Rauchmelder erst fünf Minuten nach der Warnung des Hundes los! Wir mussten den Rauchmelder zuvor sogar näher zum Rauch hinbewegen ...

Vielleicht denken Sie jetzt, dass entsprechend ausgebildete Hunde auch auf Zigarettenrauch und den Rauch eines Kaminfeuers reagieren, aber das tun sie nicht. Sie scheinen genau zu wissen, wann wir die Situation unter Kontrolle haben und wann nicht. Deshalb liegen sie einerseits entspannt daneben, wenn wir ein schönes Feuer im Kamin machen, und reagieren andererseits sofort, wenn wir schlafen oder entfernt vom Ort der Rauchentwicklung beschäftigt sind.

Hunde können zwischen einem gemütlichen Kaminfeuer und einem bedrohlichen Brand unterscheiden.

Hunde tun uns einfach gut!

Mit ihren feinen „Antennen" scheinen Hunde in der Lage zu sein, jede Stimmung zu registrieren. Wenn wir glücklich sind, ist unser Hund es auch. Wenn wir traurig sind, gibt es niemanden, der uns besser trösten könnte. Obwohl Hunde traurig sein können, können sie nicht wie wir weinen. Aber irgendwie scheinen sie zu erkennen, wenn jemand traurig ist oder ihm Tränen die Wangen hinunterlaufen. Haben sie einen sechsten Sinn oder sind sie bloß sehr sensibel gegenüber unseren Gefühlen? Vielleicht werden wir es nie erfahren, aber manchmal frage ich mich …

GESUNDHEITSVORSORGE

Die Gesellschaft spart dank Hunden viel Geld, denn sie tun uns einfach gut und tragen zum Erhalt unserer Gesundheit bei. Hunde sorgen dafür, dass wir uns bewegen, leisten uns Gesellschaft, geben uns Sicherheit und brauchen uns. Die Tatsache, dass da jemand ist, der uns braucht, spielt eine bedeutende Rolle in unserem Leben. Für uns alle ist es wichtig, jemanden zu haben, um den wir uns kümmern können – jemanden, für den es sich zu leben lohnt.

In einem Seniorenheim im US-amerikanischen Bundesstaat Connecticut gab man der Hälfte der Bewohner eine Topfblume, die sie pflegen und gießen sollten (21). Außerdem ging das Pflegepersonal auch mehr auf die Ansichten und Wünsche dieser Bewohner ein. Die andere Hälfte der Bewohner erhielt ebenfalls eine Topfblume, doch um diese kümmerte sich das Personal, das den Ansichten und Wünschen der älteren Menschen zudem keine besondere Beachtung schenkte. Nach einigen Jahren war die Todesrate in der ersten Gruppe um die Hälfte niedriger als in der zweiten, deren Blumen von anderen gepflegt wurden.

Heute wissen wir, dass Hunde uns das so wichtige Gefühl des Gebrauchtwerdens geben. Das gilt für jüngere und ältere Kinder ebenso wie für Teenager, Erwachsene und ältere Menschen – sie alle fühlen sich in Gesellschaft von Hunden wohl. Und wenn man sich psychisch wohlfühlt, bleibt man auch körperlich gesund.

Es wurde festgestellt, dass Hunde bei Menschen den Blutdruck senken können – durch ihre bloße Anwesenheit im selben Zimmer. Das gilt natürlich mit leichten Einschränkungen, weil diese Hunde wirklich brav sein müssen. In Gegenwart eines gestressten, bellenden oder aggressiven Hundes würde der Blutdruck wohl eher ansteigen.

Wenn man das Fell eines Hundes berührt, verlangsamt sich der Puls, der Blutdruck sinkt und im Gehirn wird das Hormon Oxytocin ausgeschüttet, welches dafür sorgt, dass sich ein Gefühl der Ruhe in uns ausbreitet.

KINDER UND HUNDE

Studien haben gezeigt, dass Kinder, die mit Hunden aufwachsen, im späteren Leben über eine bessere soziale Kompetenz verfügen. Sie sind besser darin, nonverbale

Hunde können Kinder zum Lesenlernen ermutigen.

Kommunikation, also verschiedenste körpersprachliche Signale, zu verstehen und auch selbst einzusetzen. Diese Kinder haben zudem mehr Selbstvertrauen und eine positivere Sicht auf andere Menschen. Sie sind häufig offener und spontaner und es fällt ihnen leichter, ihre Gefühle auszudrücken.

In Gesellschaft eines Haustiers fühlen Kinder sich sicherer. Das kann in unserer modernen Welt, in der oft beide Eltern arbeiten und die Kinder den Tag in Betreuungseinrichtungen verbringen, ein großes Plus sein. Wenn wir Kameradschaften zwischen Kindern und Hunden betrachten, zeigt uns das, dass Kinder, die mit Haustieren aufwachsen, seltener zu lange Daumenlutschen (22).

Heute gibt es in Schweden ausgebildete „Traumatherapiehunde". Katja Thorman hat vor einigen Jahren begonnen, Hunde entsprechend zu trainieren. Sie leitet ein Zentrum mit Assistenzhunden für Besitzer mit besonderen Bedürfnissen und Servicehunden (40). Thorman hatte die Idee, dass in einen Unfall verwickelte Kinder durch Hunde, die direkt zum Unfallort gebracht werden, Trost und Untersützung finden könnten. Diese Form der Therapie hat sich als sehr erfolgreich erwiesen.

Hunde beeinflussen auch die schulischen Leistungen von Kindern nachweislich positiv. Die Journalistin Kay White gründete in Großbritannen einen Klub für Kinder mit Lese- und Rechtschreibschwierigkeiten (36). Die wichtigste Rolle in diesem Klub spielte ihre Boxerhündin Pixie. Kay White sorgte dafür, dass die Kinder bei einem besonderen Ereignis Freundschaft mit der Hündin schlossen. Dann wurden die Kinder ermutigt, Briefe an Pixie zu schreiben, die diese auch „beantwortete". So übten die Kinder das Lesen und Schreiben und darüber hinaus entwickelte sich noch viel mehr: In ihren Briefen trauten sich die Kinder, ihre intimsten Gedanken und Gefühle mit Pixie zu teilen. Oft waren das Dinge, über die sie mit Erwachsenen nicht zu sprechen wagten. Es konnte dabei sogar um sehr ernste Agelegenheiten wie Missbrauch und Probleme zu Hause gehen.

Hunde wurden in vielen Ländern sogar schon in Schulen als Lernhelfer eingesetzt: Die Kinder sollten ihnen Geschichten vorlesen. Dabei hat sich gezeigt. dass es Kindern leichter fällt, auf diese Weise lesen zu üben, als wenn sie einem Erwachsenen vorlesen.

Wichtige Fakten über Hunde

- Hunde sind fantastisch!
- Hundebesitzer sind gesünder
- Hundebesitzern geht es psychisch besser.
- Hunde sind die besten Helfer bei Nachbarschaftswachen, wenn sie mit ihren Besitzern „auf Streife" gehen.
- Kinder lernen von Hunden. Verantwortung zu übernehmen und andere zu respektieren; sie entwickeln soziale Kompetenz.
- Hunde leisten älteren Menschen Gesellschaft und geben ihnen Sicherheit.
- Besuchshunde besuchen Menschen in Einrichtungen.

Hunde tun das alles!

- Sie helfen Kindern mit besonderen Bedürfnissen (regen zum Lesen an, helfen autistischen Kindern etc.).
- Sie helfen Behinderten (Blindenhunde, Servicehunde, Signalhunde). Sie helfen dem Militär, versteckte Minen zu finden.
- Sie helfen Polizei und Zoll.
- Sie finden verschwundene und ertrunkene Menschen.
- Sie finden Verletzte in Trümmern.
- Sie finden Gaslecks.
- Sie finden Schimmel in Strom- und Telefonmasten aus Holz.
- Sie finden Schimmel in Gebäuden und zeigen ihn an.
- Sie warnen vor Feuer (insbesondere, wenn sie ein Rauchalarm-Training absolviert haben).
- Sie helfen Jägern, jagdbares Wild aufzuspüren.
- Sie helfen, verletztes Wild aufzuspüren.
- Sie helfen Bauern, Vieh zu hüten und zu treiben.

Hunde haben es wirklich verdient, dass wir sie gut und liebevoll behandeln!

HUNDE VERSTEHEN

Hunde sind fühlende und denkende Wesen – sie verstehen mehr, als man glaubt. Selbst wenn sie nicht alle Wörter verstehen, die wir sagen, hören sie doch sehr aufmerksam zu. Hunde sind immer aufrichtig und geradlinig. Hunde sind intelligent und sie befolgen seit Langem bestehende soziale Regeln. Sie mögen keine Hunde, die ihnen Stress bereiten, und sie hassen es, auf engem Raum eingesperrt zu sein. Sie sind abhängig von unserer Fürsorge, unserem Wissen, unserer Liebe und unserem Verständnis.

Jüngste Forschungen auf diesem Gebiet zeigen immer deutlicher, dass Hunde in der Tat ein ausgeprägtes und weit entwickeltes Gefühlsleben haben. Sie können das gesamte Repertoire an Emotionen empfinden – von Freude bis hin zu Sorge, von Aufregung bis hin zu Traurigkeit, von Leid bis hin zu Verspieltheit, von Angst bis hin zu Aggression. Darüber hinaus sind sie schlau und das Lernen fällt ihnen leicht. Wenn wir ihnen erlauben, ihre Fähigkeiten zu entwickeln, können sie Erstaunliches leisten.

Uralte Instinkte vermischen sich mit den neuen Fähigkeiten unserer Hunde. Es kommt selten vor, dass ein Hund Menschen oder andere Hunde verletzt. Passiert das doch, geschieht es gegen die ungeschriebenen Regeln, die in jedem Hund genetisch verankert sind. Solches Verhalten wird für gewöhnlich von Krankheit oder Schmerz

(Foto: Maurer)

ausgelöst oder es resultiert daraus, dass das betreffende Individuum extremem Stress ausgesetzt wurde.

Hunde wissen instinktiv, wie man anderen begegnet und sie begrüßt. Diese Zeremonie besteht aus mehreren Ritualen, die alle dazu dienen, etwaige Feindseligkeiten zu neutralisieren. Wären wir Hunden gegenüber nur genauso höflich, wie sie es von uns erwarten, würden wir nie Hunde sehen, die sich bei Begegnungen mit Fremden scheu verhalten.

Verstehen Hunde alles, was wir sagen?

„Er versteht alles, was ich sage", behaupten Hundehalter häufig von ihrem geliebten Haustier. Aber stimmt das wirklich? Können Hunde die Wörter verstehen, die wir verwenden, und welche Rolle spielt dabei der Klang unserer Stimme?

Die Fähigkeit von Hunden, die Bedeutung von Wörtern zu verstehen, wurde gründlich erforscht. Hunde können die Bedeutung von etwa 200 Wörtern lernen. Manche Hunde lernten durch entsprechendes Training sogar noch mehr. Sie haben diese Wörter durch Assoziation gelernt, das heißt, sie haben gelernt, ein Wort wie „Ball" mit dem Ball als Gegenstand zu verknüpfen. Diesbezüglich befinden sie sich auf einer Ebene mit einem zweijährigen Kind.

Ein Wort als solches zu verstehen, ist etwas anderes. In dem Fall geht es darum, dass ein Individuum den Sinn eines Wortes tatsächlich begreift. Wenn ich „guter Hund"

Ein schief gelegter Kopf mag aufmerksames Zuhören signalisieren, aber noch lange kein Verständnis des Gesagten. (Foto: Maurer)

sage, assoziiert der Hund das mit meiner Freude, einigen Streicheleinheiten und oft auch einem Leckerchen. Er versteht, womit die Wörter verknüpft sind, aber er begreift ihren Sinn nicht. Ich könnte für ihn ebenso aufmunternd klingen, wenn ich „böser Hund" oder „hässlicher Hund" sagen würde.

Der Klang unserer Stimme ist wahrscheinlich der entscheidendste Faktor. Hunde reagieren sensibel darauf. Das wird deutlich, wenn wir versuchen, ein und dasselbe Wort unterschiedlich auszusprechen, unabhängig vom wirklichen Wortsinn. Klingen wir barsch, wird der Hund sich ängstlich oder unterwürfig zeigen. Klingen wir fröhlich, wird auch der Hund fröhlich sein. Bemitleiden wir den Hund, wird er auch bemitleidenswert dreinblicken. Die tatsächliche Bedeutung des Wortes spielt dabei keine Rolle.

Viele mögen jetzt sagen: „Aber ich sehe doch ganz deutlich, dass mein Hund mich versteht. Wenn ich mit ihm spreche, stellt er seine Ohren auf, blickt mich mit wachen Augen an und hält den Kopf schief." Ja, natürlich tut er das. Aber das heißt nicht, dass er begreift, worüber der Mensch gerade spricht. Was man sehen kann, ist ein Hund, der zuhört und vielleicht auf ihm bekannte Wörter wartet, etwa „Futter", „spazieren gehen" „Frauchen", „Herrchen".

Wir können also mit Sicherheit feststellen, dass Hunde nicht alles verstehen, was wir sagen, sondern dass sie auf den Klang unserer Stimme hören und auf vertraute Wörter warten.

Hunde sind auch nicht dazu in der Lage, Verneinungen zu verstehen. Etwa das Wort „nicht" in Verbindung mit anderen Wörtern. Wenn Sie zu Ihrem Hund sagen „Spring nicht", versteht dieser möglicherweise das Wort „spring", aber nicht, dass er eigentlich nicht springen soll. Das gilt für alle Verneinungen. Sie sollten daher besser Wörter verwenden, die Hunde verstehen können, wie zum Beispiel „Nein". Das Problem dabei ist, dass nur wenige Hunde gelernt haben, was „Nein" bedeutet, sondern stattdessen auf den ärgerlichen Klang der Stimme reagieren. Das ist nicht gut …

ZEITEMPFINDEN

Hunde kennen keinen Unterschied zwischen Vergangenheit und Zukunft. Für sie spielt sich alles in der Gegenwart ab. Wenn Sie also zu Ihrem Hund sagen: „Frauchen wird bald da sein", wird dieser direkt zur Tür rennen, um sein Frauchen zu begrüßen. Er weiß nicht, was „bald" heißt. Er versteht nur „Frauchen kommt".

Ich habe schon viele Hundebesitzer gehört, die nach einem Spaziergang zu ihrem Hund sagten: „Das war ja so ein schöner Spaziergang, nicht wahr?" Der Hund erkennt nur das Wort „Spaziergang", aber er verbindet es nicht mit dem Spaziergang, den er gerade gemacht hat.

Das bedeutet, dass Sie unbedingt „in der Gegenwart" denken müssen, wenn Sie mit Ihrem Hund sprechen, und andere Zeitbezüge vermeiden sollten. Verzichten Sie auf Wörter wie „später" oder „bald".

Man könnte sagen, dass dieses eingeschränkte Zeitempfinden von Hunden etwas Gutes ist. Sie leben im Hier und Jetzt. Sie bedauern nicht, was gestern passiert ist, und sie machen sich auch keine Sorgen wegen morgen. Was für eine schöne Lebenseinstellung! Wir können von Hunden eine Menge lernen.

Sind Hunde aufsässig?

Menschen interpretieren und erklären Hundeverhalten, indem sie auf ihre persönlichen Erfahrungen zurückgreifen, und unglücklicherweise interpretieren sie es manchmal auch so, wie es ihnen und ihren Absichten gerade entspricht. Wenn jemand beispielsweise versehentlich einem Hund wehtut, etwa beim Krallenschneiden, Bürsten oder einer medizinischen Behandlung, und der Hund dann jault, sagt diese Person vielleicht, dass der Hund „überempfindlich" sei oder sich einfach nur „blöd anstelle". Allein diese Aussage lässt die Person unschuldig wirken – die gesamte Schuld wird auf den Hund abgewälzt.

Nicht selten passiert genau das Gleiche, wenn ein Hund ein Kommando nicht befolgt. Der Hund wird dann beispielsweise als dumm bezeichnet, weil er anscheinend nicht versteht, was er tun soll. In solchen Situationen wirkt es so, als hätten Menschen das Recht, sauer zu sein, insbesondere wenn der Hund als „aufsässig" oder „starrsinnig" betrachtet wird. Wieder einmal wird unfairerweise der Fehler beim Hund gesucht und nicht beim Menschen.

All diese Interpretationen sind falsch und basieren auf Ignoranz. Hier benutzen Menschen die Macht des Wortes, um sich selbst in einem besseren Licht dastehen zu lassen und dem Hund die ganze Schuld zuzuweisen. Es ist an der Zeit, dass wir diese „machtvolle Sprache" durchschauen, gegen sie angehen und versuchen, sie ein für alle Mal loszuwerden.

Wenn Sie also mitbekommen, dass jemand seinem Hund wehtut und es anschließend so darstellt, als sei es der Fehler des Hundes gewesen, dann sollten Sie sofort Einspruch erheben und klarstellen, dass die Schuld beim Menschen zu suchen ist und nicht beim Hund!

HUNDE SIND EHRLICH

Hunde sind immer aufrichtig und zeigen offen ihre Gefühle. Sie sind nicht aufsässig, denn das würde bedeuten, dass sie sich bewusst dazu entscheiden, gegen etwas zu protestieren. Sie können vielmehr unmotiviert, verängstigt oder durch irgendetwas blockiert sein. Sie sind nicht starrsinnig und sie wollen uns auch nicht schikanieren – dafür müssten sie menschliche Gehirnleistungen vollbringen. Sie erleben Unbehagen, sind gestresst oder vermeiden die gegebene Situation aus einem anderen Grund.

Der Hund ist niemals schuld!

Wenn ein Hund auf irgendeine Weise Unbehagen zeigt, ist immer der Mensch verantwortlich, der dieses Unbehagen verursacht hat. Es ist unsere Pflicht, unseren Hund zu schützen und dafür zu sorgen, dass er keine beängstigenden oder schmerzhaften Erfahrungen macht.

Vergessen Sie nicht: Hunde sind nicht aufsässig, starrsinnig, gemein, dumm, überempfindlich, doof, bescheuert, verrückt, luschig, lächerlich oder gleichgültig und sie können uns auch nicht willentlich täuschen oder sich bewusst blöd anstellen.

Hunde sind keine Weicheier. Sie empfinden Angst, Schmerz oder Besorgnis im Zusammenhang mit einer bestimmten Person oder Situation. Wenn ein Hund jault und weglaufen möchte – ob beim Tierarzt beim Krallenschneiden, wenn er gebürstet wird oder wenn der Trainer zu grob mit ihm umgeht –, tut er das nicht, weil er überempfindlich ist, sondern weil er Angst hat.

Menschen, die Angst und offensichtliches Unbehagen bei Hunden wegdiskutieren, beschönigen oder einfach nicht ernst nehmen, fehlt es häufig an Einfühlungsvermögen. Vielleicht haben sie zu viele Jahre mit Hunden gearbeitet und es dabei verloren. Vielleicht hängen sie auch den härteren Trainingsmethoden an und ignorieren Erkenntnisse aus der Verhaltensforschung und Psychologie oder sie haben schlicht nicht genug Geduld bei dem, was sie tun.

Hunde langweilen sich still und beklagen sich nicht.

Hunde beklagen sich nicht

Als ich klein war, lebte in unserer Nachbarschaft eine Dackelhündin. Sie war so dick, dass sie kaum laufen konnte. Raus kam sie nur, um schnell vor der Tür ihr Geschäft zu verrichten. Bewegung oder Beschäftigung fehlten ihr völlig. Sie tat mir leid, doch ich konnte nichts tun. Ich war damals erst sechs Jahre alt, aber die Erinnerung begleitet mich noch heute. Was für ein verschwendetes Leben, und das nur, weil die Besitzer träge waren und es ihnen an Einfühlungsvermögen und Verständnis mangelte.

Leider fristen viele Hunde ein armseliges Dasein wie dieses – mit kurzen oder gar keinen Spaziergängen oder vielleicht auch angekettet an ein kurzes Seil.

Alte Menschen beklagen sich selten. Sie sitzen auf ihren Stühlen oder liegen im Bett und akzeptieren, dass ihre Angehörigen sie vergessen haben. Sie haben aufgegeben, wollen keine Umstände machen und sich auch nicht beschweren. Glücklicherweise gibt es Ausnahmen.

Bei Hunden gibt es keine Ausnahmen, sie beklagen sich nie, egal, wie schlecht sie behandelt und wie sehr sie ignoriert werden –

genau wie die Dackelhündin aus meiner Kindheit. Wenn ihr nur ein wenig Aufmerksamkeit zuteil wurde, war sie schon glücklich und wedelte dankbar mit dem Schwanz. Die restliche Zeit über lag sie bloß still in ihrem Körbchen.

Viele Hunde entwickeln aufgrund schlechter Behandlung Verhaltensprobleme. Das Ergebnis ist oft, dass sie bestraft und noch schlechter behandelt werden. Die Besitzer erkennen nicht, dass die Verhaltensprobleme des Hundes Zeichen der schlechten Behandlung sind.

Das Weltbild von Hunden ist egozentrisch

Sie gehen über eine vereiste Pfütze, rutschen aus, straucheln und Ihr Hund springt erschreckt weg, so weit, wie es die Leine zulässt. Das ist eine natürliche Reaktion, aber was dann passiert, erscheint unlogisch. Der Hund duckt sich ängstlich, mit zurückgelegten Ohren, gesenktem Hals, gehobenem Kinn und eingezogenem Schwanz – alles Zeichen der Unterwürfigkeit!

Es sieht so aus, als hätte der Hund Angst vor Ihnen und davor, dass Sie ihn grundlos angreifen könnten ... Dabei sind Sie doch nur gestrauchelt. Woran liegt das?

Genau wie andere Tiere sind Hunde egozentrisch. Das Ich steht im Mittelpunkt ihrer Welt und alle anderen außenrum haben eine mehr oder weniger wichtige Funktion. Für Tiere, und in gewissem Maß sogar für Menschen, ist diese Sichtweise normal und durchaus verständlich.

Es gibt keine Entschuldigung

Es ist unverantwortlich und unethisch, einen Hund bei sich aufzunehmen und ihn dann in eine Art Nullexistenz abgleiten zu lassen, indem man ihm angemessene Spaziergänge, Beschäftigung und andere tägliche Fürsorge verweigert. Das ist entwürdigend und stellt einen absoluten Tiefpunkt menschlichen Handelns dar.

BITTE NICHT TRÖSTEN

Hunde nehmen also Ereignisse in ihrem Umfeld aus einer „egozentrischen Perspektive" wahr und reagieren auch entsprechend darauf. Ein Hund denkt, dass alles, was um ihn herum passiert, auch direkt etwas mit ihm zu tun hat. Wenn man auf der Eispfütze ausrutscht, strauchelt und dabei schreit und mit den Armen rudert, ist das in den Augen des Hundes ein Angriff auf ihn.

Der Hund hat Angst, weil er keinen Grund für den Angriff erkennen kann. Er ist nicht in der Lage zu begreifen, dass der Mensch versehentlich ausgerutscht ist. Wenn Sie nun beginnen, den Hund zu trösten, wird er sich nur noch unwohler fühlen und noch mehr unterwürfiges Verhalten zeigen.

Wenn Sie stolpern, sollte Ihre erste Reaktion danach also vom Hund weggerichtet sein. Sie könnten zum Beispiel ein paar Schritte tanzen, Freudenrufe ausstoßen und klar demonstrieren, dass der Hund in Ihren Augen nichts mit dem zu tun hat, was gerade passiert ist. Bestenfalls denkt der Hund, dass Ihr Angriff gegen etwas anderes gerichtet war. Allerdings wird ein cleverer Hund wohl glauben, dass Sie gerade mal wieder einen dieser albernen Ausbrüche hatten, die Sie anscheinend von Zeit zu Zeit haben.

Es muss Ihnen bewusst sein, dass Hunde alles auf sich beziehen. Nur dann können Sie auch verhindern, dass sich Ihr Hund unnötigerweise ängstlich und unterwürfig verhält. Ein Hund, der viele für ihn beunruhigende Vorfälle wie Ausrutschen und Stolpern erlebt hat, kann sein Selbstvertrauen verlieren und damit auch die Fähigkeit, die Initiative zu ergreifen. Das passiert bei Hunden, die häufig bestraft und korrigiert werden. Sie können das mit Ihrer Reaktion auf unbedeutende, beunruhigende Alltagssituationen gleichsetzen.

Es sind nicht nur plötzliche Bewegungen und kleine Unfälle, die einen Hund annehmen lassen können, die Handlung sei gegen ihn gerichtet. Wenn Sie ihm versehentlich auf die Pfote treten oder wenn der Hund sich in unmittelbarer Nähe zu Ihnen verletzt, hat das die gleichen Folgen. In all diesen Fällen können Sie ein bisschen Freude zum Ausdruck bringen oder ein paar Schritte tanzen, um den Hund abzulenken.

Es spielt keine Rolle, was die Nachbarn und andere Leute über Sie denken. Menschen, die keine Haustiere besitzen, werden Sie für ein wenig eigenartig halten, aber das gehört zum Leben als Hundebesitzer einfach dazu.

Ich wurde einmal wegen eines Border Collies konsultiert, der immer wegrannte und sich versteckte, wenn im Fernsehen ein Fußballspiel lief. Die Besitzer hatten keine Ahnung, warum. Ich fragte, ob der Mann ein Sportfan sei, und die Antwort lautete Ja. Wenn er sich ein Spiel ansah, fieberte er so stark mit, dass er brüllte und schrie. Das war die Erklärung: Der Hund begriff nicht, dass das Fernsehprogramm sein Herrchen so aufbrachte. Er dachte, der Mann sei wütend auf ihn.

Etwas, worüber man vielleicht selten nachdenkt, sind die Auswirkungen von häuslichen Konflikten. Zwei Menschen sind sich nicht einig und streiten sich. Was sie in ihrer Erregung nicht bemerken ist, dass ihr lauter und wütender Wortwechsel den Hund ängstigt. Der Hund glaubt selbstverständlich, dass eigentlich er ausgeschimpft wird. Das ist offensichtlich, wenn man ihn ansieht: Der Schwanz ist eingezogen, die Ohren sind zurückgelegt, er duckt sich und blickt besorgt drein.

Streiten Sie nicht!

Wenn Sie einen Hund haben, sollten Sie sich nicht vor ihm streiten. Nehmen Sie eine kalte Dusche oder gehen Sie zum Streiten woandershin. In der Zwischenzeit haben Sie vielleicht sogar schon vergessen, was überhaupt das Problem war.

Wenn sie motiviert und für Fortschritte belohnt werden, lernen Hunde genauso schnell wie Menschen.

Hunde sind intelligente, emotionale Wesen

Hunde sind intelligent. Ihre Lernkapazität ist genauso hoch wie die von uns Menschen, auch wenn sie sich nicht so viel merken können wie wir. Sie brauchen aber gleich lang, um etwas zu lernen, insbesondere, wenn sie durch operante Konditionierung lernen, das heißt, wenn sie motiviert werden und ihr Gehirn benutzen, um herauszufinden, was sie für die Belohnung tun müssen.

Möchten Sie Ihrem Hund beispielsweise mittels operantem Lernen beibringen, auf Kommando zu bellen, zeigen Sie ihm zunächst ein Leckerchen oder ein Spielzeug. Der Hund wird dann verschiedene Verhaltensweisen ausprobieren, bis die richtige mit dem Leckerchen oder dem Spielzeug belohnt wird. Vielleicht wird er sich hinlegen, an Ihnen hochspringen, sich setzen oder eine Pfote heben. Während er all das ausprobiert, kann es sein, dass er ein kurzes Bellen hören lässt. Genau dann erhält er die

Belohnung. Der Hund wird schnell verstehen, dass er auf die Aufforderung „Bell" bellen soll.

WER IST VERANTWORTLICH – DER LEHRER ODER DER SCHÜLER?

Hunden fällt es anscheinend schwer zu lernen, etwas nicht zu tun, beispielsweise andere Hunde nicht anzubellen oder Joggern oder Tieren nicht hinterherzujagen. Der Grund dafür ist nicht, dass sie das nicht lernen können, sondern es liegt daran, dass ihre Besitzer nicht wissen, wie sie es ihnen beibringen sollen. Wenn man seinen Hund motivieren und richtig trainieren kann, wird man schnelle und dauerhafte Erfolge erzielen. Leider versuchen es viele damit, den Hund zu bestrafen, wenn er etwas falsch macht – das allerdings wird an seinem Verhalten nur kurzfristig etwas ändern.

Bei richtigem Training wird der Hund ruhig sein, wenn man ihn dazu auffordert, und er wird weder hinter Joggern noch hinter sonst irgendetwas herjagen. Stattdessen wird er zu seinem Besitzer laufen und ihm „melden", dass er gerade etwas Aufregendes gesehen hat. Das passierte Irene, einer meiner Hundepsychologie-Studentinnen. Sie lebte in einem Häuschen in einem bewaldeten Gebiet. Ihre Hündin jagte Hirsche, wann immer sie die Gelegenheit dazu fand. Irene begann, mit dem Clicker zu trainieren. Jedes Mal, wenn die Hündin einen Hirsch entdeckte, was nahezu täglich der Fall war, bekam sie dafür einen Click, der bedeutete: „Feines Mädchen! Du hast einen Hirsch gesehen! Hier ist eine Belohnung für dich." Zwei Wochen später, als die Hündin gerade frei lief, tauchten plötzlich zwei Hirsche auf. Augenscheinlich verwirrt blieb sie sofort wie angewurzelt stehen, als wollte sie sagen: „Ich habe einen Hirsch gesehen! Wo bleiben mein Click und mein Leckerchen?!"

UNTERSCHIEDLICHE TEILE DES GEHIRNS

Das Gehirn lässt sich in zwei Teile gliedern: Der eine hat kognitive Aufgaben wie Gedanken, Berechnungen und Lernen. Diese kognitiven Prozesse finden im präfrontalen Cortex statt, einem jüngeren Bereich des Gehirns.

Der andere Teil verarbeitet Emotionen, die in tieferen Gehirnregionen, im sogenannten limbischen System, entstehen. Dieser Bereich steuert die Emotionen und das Gedächtnis. Hier finden sich auf beiden Seiten kleine Ansammlungen von Kernen, Amygdala genannt, die, wie Forschungen zeigen, eine wesentliche Rolle bei der Verarbeitung von Erinnerungen und emotionalen Reaktionen spielen. Werden sie durch elektrische Impulse stimuliert, kommt es zu heftigen emotionalen Ausbrüchen.

Was Denkprozesse betrifft, ist das Hundegehirn nicht so gut ausgestattet wie das menschliche. Es ist einfach nicht so groß wie unseres. Hunde haben jedoch ein gut entwickeltes emotionales System, wodurch sie für Gefühle empfänglicher sind als für kognitive Reaktionen. Das bedeutet aber nicht, dass es ihnen an kognitiven Fähigkeiten mangelt – im Gegenteil. Wie bereits erwähnt, verfügen sie beim Einschätzen, Lernen, Herausfinden und Denken über erstaunliche Talente.

CLEVERE SPEZIALISTEN

Hunde sind intelligent und beweisen das vor allem auf bestimmten Gebieten, für die sie regelrechte Spezialisten sind. Wie es dazu kommt, lässt sich möglicherweise leichter verstehen, wenn man ihr Wolfserbe in die Betrachtung miteinbezieht. Unsere Haushunde gleichen ihren Ahnen in vielerlei Hinsicht, obwohl mehrere Tausend Jahre Evolution sie von ihnen trennen. Unterschiedliche Rassen haben verschiedene Talente. So hat beispielsweise das Hütetalent des Border Collies nicht den „Wolf" im Hund verdrängt und ebenso wenig hat die Domestikation das stark ausgeprägte Instinktverhalten von Hunden beeinträchtigt.

SOZIALE INTERAKTION UND KOMMUNIKATION

Damit ein Wolfsrudel in der rauen Wildnis überleben kann, müssen die einzelnen Mitglieder untereinander zu guter sozialer Interaktion fähig sein. Sie müssen miteinander auskommen, da Kämpfe innerhalb des Rudels sich negativ auf die Gruppe aus-

Die Mitglieder eines Wolfsrudels sind aufeinander angewiesen und müssen sich gut verstehen.

wirken würden. Weil die Gruppe in der Regel auch die Familie ist, besteht zwischen allen Mitgliedern eine enge Bindung. Das ist auch notwendig, denn die Jüngeren sind auf die Älteren angewiesen. Nur mit ihnen sind der Jagderfolg und das Überleben gesichert. Und da die älteren Tiere über soziale Kompetenz verfügen, sind Drohungen und offene Aggression selten.

Die Interaktion im Rudel basiert auf Kommunikation, die aus körpersprachlichen Signalen, Gesichtsausdrücken, Geräuschen, Berührungen und anderen Ausdrucksformen einer komplexen Sprache besteht, mit der sich jeder Wolf verständlich machen kann. Bei Hunden funktioniert das genauso, auch wenn sie sich nach so vielen Jahren der Evolution körperlich von ihren Vorfahren unterscheiden.

Studiert man die Sprache der Wölfe und Hunde in all ihren Einzelheiten, muss man einfach beeindruckt davon sein. Auf einmal erscheint unsere menschliche Sprache arm. Hunde können eine unglaubliche Menge an Informationen übermitteln, nur leider sind wir nicht gut darin, ihre Signale zu deuten.

Wenn ein Hund „die Friedensfahne schwenkt", indem er aggressionshemmende Signale aussendet, versteht eine erregte Person diese anscheinend nicht. Vielleicht hat der Hund etwas im Haus angenagt und kaputt gemacht, weil er sich während der zu langen Abwesenheit seiner Besitzer gelangweilt hat. Obwohl er nun instinktiv alle ihm zur Verfügung stehenden Signale aussendet, um die Aggression zu stoppen, bricht der Besitzer die ungeschriebene Regel: Eigentlich dürfte er nun nicht mehr wütend sein, aber stattdessen bestraft er den Hund.

BETREUUNG UND SCHUTZ DER WELPEN

Sich um seinen Nachwuchs zu kümmern ist entscheidend für das Überleben einer Art. Versuche haben gezeigt, dass der Mutterinstinkt – das Schützenwollen des eigenen Babys – die stärkste Antriebskraft überhaupt darstellt. Nahrung, Sexualpartner und andere wichtige Dinge sind nichts, verglichen mit dem, was eine Mutter bereit ist zu opfern, um ihr Kind zu schützen.

Dieser Instinkt lässt sich auch bei Hunden beobachten und er zeigt sich auf viele verschiedene Weisen. Für einen Hund sind unsere Kinder Welpen und deshalb wird er auch sie schützen. Alle Eltern, die schon einmal mit dem Kinderwagen und ihrem Hund spazieren gegangen sind, haben wahrscheinlich schon erlebt, wie sich der Hund, wenn Fremde einen Blick auf das Baby werfen wollten, ganz diskret zwischen ihnen und dem Kinderwagen positioniert hat.

Der Fall einer elfjährigen Pekinesenhündin ist ein deutliches Beispiel für das gerade Beschriebene. Als die Mutter mit ihrem neugeborenen Baby von der Entbindungsstation nach Hause zurückkam, war ihr Hund aufgeregt und bellte. Die Nachbarn und andere „Experten" hatten sie davor gewarnt, dass der Hund das Neugeborene verletzen könnte, weshalb seine Reaktion ihr Angst machte.

Besorgt rief sie mich an und fragte, ob sie den Hund nun einschläfern lassen müsse. Ich erkundigte mich, wann die Hündin das letzte Mal läufig gewesen sei – es war zwei Monate her. Mir war klar, was da passierte, und ich bat sie, sich mit dem Baby auf dem Arm und dem Telefon in der anderen Hand auf den Boden zu setzen. Mit zitternder Stimme berichtete sie mir, dass der Hund nun beginne, das Baby abzuschlecken. Ich erklärte ihr, dass ihre Hündin das Kind als neues Familienmitglied betrachte und bei seiner Betreuung helfen wolle. Schließlich war die kleine Pekinesenhündin auch eine frischgebackene Mutter, denn sie war gerade scheinschwanger gewesen.

FÜREINANDER DA SEIN UND EINANDER BESCHÜTZEN

Da eine Familie eine eng miteinander verbundene Gruppe ist, ist es selbstverständlich, dass die Mitglieder, wenn nötig, füreinander da sind und einander beschützen. Das haben zahlreiche Beobachtungen sowohl bei Hunden als auch bei Wölfen ergeben – die meisten davon wurden, aus naheliegenden Gründen, bei Hunden gemacht. Hunde sind Teil unseres Alltags und wir haben mehr Gelegenheiten, ihre Beziehung zu uns zu studieren.

Fürsorge wird vor allem mit der Zunge ausgedrückt, und es ist normal, dass Hunde in einer Familie nicht nur Artgenossen, sondern auch die menschlichen Familienmitglieder „säubern". Insbesondere wenn wir eine Wunde haben, scheint der Hund sie durch Abschlecken „reinigen" zu wollen. Oftmals halten wir dieses Verhalten nicht für angemessen. Tatsächlich gilt jedoch das Maul eines Hundes als sauberer als der Mund eines Menschen.

Wie bereits erwähnt, kommt es vor, dass Hunde eine liegende Person beschützen, selbst wenn derjenige sich nur sonnt oder im Bett ausruht. Hunde beschützen uns auch vor bedrohlichen Menschen, wütenden Hunden und mehr. Darüber hinaus bewachen und beschützen sie unser Heim – einer der Gründe, warum Menschen sich einen Hund anschaffen. Sie scheinen außerdem das Gefühl zu haben, dass sie unser Auto beschützen müssen.

SYNCHRONISIERUNG UND KOOPERATION

Bei Tieren, die im Lauf der Zeit eine Spezialisierung entwickelt haben, darf man auch deren Fähigkeit nicht außer Acht lassen, in einer Gruppe ihre Handlungen zu synchronisieren. Wenn Wölfe im Rudel ihr Verhalten aufeinander abstimmen, erschließt sich leicht, welche Vorteile das hat. Zu einem gegebenen Zeitpunkt befinden sie sich alle auf demselben Energielevel. Sie ruhen zur selben Zeit und sind zur selben Zeit aktiv, was sie zu einem Team mit koordinierten Abläufen macht – ähnlich einer Armee.

Noch ein hervorragendes Talent, über das Wölfe ebenso wie Hunde verfügen, ist ihre Fähigkeit zur Zusammenarbeit. Leider ist dieses Gebiet nicht besonders gut erforscht (20). Wölfe arbeiten bei der Jagd zusammen, besonders wenn sie einem großen Wildtier wie einem Elch oder einem amerikanischen Bison nachstellen. Während des Angriffs halten sie engen Blickkontakt. Sie scheinen auch ihre Position bei diesem organisierten Einsatz genau zu kennen: Ein Wolf attackiert das Tier von hinten, einer umkreist es und andere greifen an den Flanken und von vorn an.

Es gibt eine Geschichte über ein Wolfsrudel in Kanada, das seine Beute in Richtung

Hütehunde können die zu hütenden Tiere in eine bestimmte Richtung treiben und kooperieren dabei eng mit ihrem Besitzer.

am Boden liegender Stromleitungen trieb. Auf ihrem Territorium befand sich ein stillgelegtes Kraftwerk; die Masten waren umgefallen und lagen kaputt am Boden. Die Wölfe trieben die Tiere langsam, aber sicher von hinten und beiden Seiten dorthin. Wenn sie in der Nähe des Kraftwerks waren, erhöhten sie das Jagdtempo, sodass die Beutetiere die Stromleitungen nicht bemerkten, bis sie sich darin verfangen hatten. Bei jagenden und hütenden Hunden lassen sich ähnliche Beispiele für Kooperation beobachten.

Genau genommen findet man sie in allen Situationen, in denen Hunde mit ihren Besitzern zusammenarbeiten müssen. Hunde kooperieren zum Beispiel auf unterschiedliche Weise mit Jägern. Manche sind darauf trainiert, die Beute aufzufinden und durch Vorstehen anzuzeigen. Andere treiben die Tiere auf den Jäger zu. Hunde können außerdem Schafe oder Rinder in eine bestimmte Richtung oder zu einem bestimmten Ort treiben. Und auch Polizeihunde, Rettungshunde, Servicehunde, Therapiehunde und viele andere Hunde übernehmen gemeinsam mit ihren Besitzern verschiedene wichtige Aufgaben.

ABKÜRZEN, WINKEL BERECHNEN UND UMWEGE NEHMEN

Ein weiteres intelligentes Verhalten von Hunden und Wölfen ist das Abkürzen. Bei einer Jagd ist es natürlich essenziell, dass die Jäger der Beute den Fluchtweg abschneiden können. Das spart ihnen Energie und ermüdet das Beutetier.

Ich habe diese Fähigkeit bei so vielen Hunden beobachtet und jedes Mal bin ich aufs Neue davon beeindruckt. Wenn ich einen Ball schräg an eine Wand werfe, wird der Hund, der anscheinend genau weiß, in welchem Winkel der Ball abprallt, diesen an exakt der richtigen Stelle fangen. Ich habe dieses Experiment mehrfach gemacht – immer mit demselben Ergebnis: Hunde können Winkel berechnen und bewegte Objekte abfangen.

Einmal habe ich ein Experiment durchgeführt, um herauszufinden, ob Pferde und

Hunde sind in der Lage, Winkel zu berechnen, um den kürzesten Weg nehmen zu können, etwa zu einem Ball.

Kühe diese Fähigkeit ebenfalls besitzen. Ich ging täglich über eine Weide mit Pferden und Kühen und gab den Tieren eine Leckerei, etwa eine Karotte oder ein Stück trockenes Brot. Nach einigen Tagen hatten sie gelernt, dass ich immer etwas für sie dabeihatte, und bewegten sich auf den Zaun zu, wenn sie mich erblickten. Sie sahen, dass ich dorthin ging, wo der Zaun endete. Waren sie in der Lage herauszufinden, wo sie auf mich treffen würden? Ein Hund hätte meinen Zielort berechnet, aber diese Tiere konnten das nicht. Sie konzentrierten sich die ganze Zeit nur auf mich und konnten nichts berechnen und auch nicht abkürzen. Vielleicht ist das etwas, das nur Raubtiere können.

Ich habe auch mehrere Versuche gemacht, um herauszufinden, wie gut Hunde Probleme lösen können, die einen Umweg erfordern. Bei einem ließ ich einen Hund in ein umzäuntes Gelände und bat den Hundebesitzer, sich in einiger Entfernung zum Tor davor aufzustellen, sodass der Hund nicht direkt zu ihm gelangen konnte. Von dort rief er seinen Hund. Bei diesem Test hat es nicht lange gedauert, bis die teilnehmenden Hunde verstanden, dass sie durch das Tor laufen mussten, um zu ihrem Besitzer zu gelangen.

Ich habe Hunde noch in einer anderen Situation getestet, die sicher vielen bekannt ist: Der Hund läuft auf die andere Seite eines Baums oder Pfostens, sodass die Leine daran hängen bleibt und er nicht weiterkann. Wenn man selbst stehen bleibt, lösen die meisten Hunde das Problem, indem sie auf der richtigen Seite des Pfostens oder Baums rückwärtsgehen.

> *Hunde haben Emotionen*
>
> *Wir müssen Hunde als emotionale Wesen anerkennen und ihnen die Chance geben, Motivation zu verspüren. Motivation ist von entscheidender Bedeutung für das Lernen.*

ERKENNEN VON WÖRTERN

Wie bereits erwähnt, verstehen Hunde nicht alles, was wir sagen, sondern hören mehr auf den Klang unserer Stimme. Dennoch können sie die Bedeutung von etwa 200 Wörtern lernen. Wenn man sich wirklich darauf konzentriert, einem Hund das Verstehen von Wörtern beizubringen, kann man diesen Wortschatz sogar noch erweitern. Eine Border-Collie-Hündin namens Chaser ist berühmt, weil sie über tausend Wörter unterscheiden kann! Ihr Besitzer, der Psychologieprofessor John Pilley aus South Carolina, USA, hat diese Fähigkeit mit ihr systematisch trainiert.

Falls Sie dennoch glauben, dass Ihr Hund superschlau ist und den Sinn Ihrer Worte immer versteht, sollten Sie vielleicht mal kurz darüber nachdenken, ob Sie seine Gefühle beeinflussen und das für die Antwort verantwortlich ist, die Sie in seinem eifrigen und erwartungsvollen Blick zu erkennen glauben. Der Hund wartet auf

Wörter und andere Signale, die verschiedene Emotionen auslösen. So löst beispielsweise „Sollen wir spazieren gehen?" Freude aus, während „Tschüss, ich bin bald wieder da" für Unbehagen sorgt. Der Hund versteht oftmals nicht die eigentliche Bedeutung von Wörtern, sondern wertet sie vielmehr als „Signal".

Begegnen und begrüßen – Hunde sind höflich

Eines der wichtigsten Dinge im Sozialleben eines Hundes ist das richtige Verhalten beim Knüpfen neuer Bekanntschaften. Man kann ohne Übertreibung sagen, dass Hunde zu den höflichsten Tieren der Welt gehören, und sie zeigen dabei eine sehr differenzierte soziale Interaktion.

RUHIGE BEGEGNUNG

Ein Hund sollte nicht direkt auf einen anderen Hund zurennen. Dieser könnte es als Angriff missverstehen, wenn sich ein fremder Hund in hohem Tempo nähert. Der Hund, der sich bedroht fühlt, schnappt dann möglicherweise nach dem unhöflichen Fremden oder verletzt ihn sogar.

Welpen fällt es schwer, sich zu kontrollieren. Sie rennen oft los, wenn sie einen anderen Hund sehen. Aber obwohl sie noch jung sind, scheinen sie genau zu wissen, was sie tun müssen. Kurz bevor sie den anderen Hund erreichen, verlangsamen sie das Tempo, machen sich klein, ducken sich oder legen sich sogar hin. Damit geben sie

Höfliche Begegnungen zwischen Hunden laufen ruhig ab.

ein klares Signal, dass sie wirklich nur spielen wollen. Auch Junghunde können sich nur schwer zurückhalten, aber sie haben eine andere Methode, um ihre friedlichen Absichten zu zeigen. Sie peilen einen Punkt neben dem Hund an, zu dem sie hinrennen, als würden sie vorbeilaufen. Ihre so vermittelte Botschaft ist eindeutig: „Ich möchte nur Hallo sagen und vielleicht ein bisschen spielen."

Erwachsene Hunde drücken das Gleiche über das Lauftempo aus. Je näher sie dem anderen Hund kommen, desto langsamer werden sie. Außerdem wedeln sie mit dem Schwanz. So vermitteln sie unmissverständlich, dass sie nicht aggressiv sind.

HÖFLICHE BEGRÜSSUNG

Ist der Hund bei seinem Artgenossen angekommen, sind mehrere Rituale zu beobachten. Der Welpe leckt die Schnauze des anderen Hundes, macht sich klein, rollt sich vielleicht auf den Rücken, wedelt schnell mit dem Schwanz und macht kleine, auffordernde Hüpfer, die sein Gegenüber zum Spielen animieren sollen.

Junghunde zeigen in der Regel weniger Signale der Unterwürfigkeit als Welpen, aber sie wedeln genauso stark mit dem Schwanz, gehen rückwärts und fordern dann mit kleinen Hüpfern nach vorn und zur Seite zum Spiel auf. Manchmal schnappen sie sich auch einen Stock vom Boden und rennen damit umher, um den anderen zum Hinterherjagen zu animieren.

Erwachsene Hunde fordern selten gleich zum Spiel auf. Für sie ist das Begrüßungsritual wichtiger. Zunächst schnüffeln sich die Hunde an der Schnauze ab, dann an den Ohren und an der Kehle. Diese Köperteile haben keinen besonderen Geruch; wahrscheinlich geht es den Hunden nur darum, einander zu zeigen, wie vorsichtig, höflich und freundlich sie sind und dass sie die richtigen Rituale und ungeschriebenen Regeln einhalten. Zeigt nun keiner von beiden Hunden Unbehagen, nähern sie sich vorsichtig dem Hinterteil des jeweils anderen. Dort nehmen sie die wichtigsten Gerüche wahr, die viel über das einzelne Tier verraten. Wenn sie jetzt entscheiden, dass sie einander mögen, ist es möglich, dass sie zu spielen beginnen.

Geht ein Hund zu schnell dazu über, am Hinterteil des anderen zu schnüffeln, was bei ungestümen Junghunden manchmal passiert, kann es sein, dass er sofort scharf zurechtgewiesen wird. Häufig geschieht das so heftig, dass der jüngere Hund die Flucht ergreift oder sich wie ein Welpe auf den Rücken wirft.

BEGEGNUNG UNTER FREUNDEN

Wenn zwei gleichgeschlechtliche Hunde, die sich gut kennen, eine Zeit lang voneinander getrennt waren, kann das Wiedersehen heikel sein. Das gilt auch bei Hunden, die in derselben Familie leben, etwa wenn einer einige Tage bei einer Hundeausstellung oder beim Tierarzt verbracht hat. Wenn sich die Hunde wiedertreffen, verhält sich einer von ihnen, oft derjenige, der zu Hause geblieben ist, angespannt und bedrohlich. Zeigt sich der zurückkehrende Hund dann nicht deutlich unterwürfig, kann es sein, dass er angegriffen wird und es zu einem ernsthaften Kampf kommt.

Der Grund, warum in diesen Fällen ein Konflikt entsteht, lässt sich schwer erklären. Solche Situationen sind aber auch bei Wölfen zu beobachten. Es ist, als müssten unterbrochene Beziehungen erneut auf die Probe gestellt werden. Auch das Territorium scheint eine wichtige Rolle zu spielen, denn die Spannungen kommen nicht außerhalb des Territoriums auf.

Die Lösung ist, dafür zu sorgen, dass das Wiedersehen der Hunde auf neutralem Terrain stattfindet. Man geht mit dem Hund, der sich zu Hause befindet, spazieren, sodass er dem anderen unterwegs begegnet. Dann gibt es in der Regel ein freudiges und entspanntes Wiedersehen, bei dem gespielt wird. Anschließend können beide zusammen nach Hause gehen und normalerweise gibt es dort nun ebenfalls keine Schwierigkeiten.

BEGEGNUNG MIT MENSCHEN

Unter Hunden verlaufen Begrüßungsrituale und Wiedersehen für gewöhnlich problemlos. Sie scheinen sich in diesen Situationen instinktiv richtig zu verhalten. Gestresste Hunde und Hunde, die Schmerzen haben, können eine Ausnahme bilden, aber meist verhalten sogar sie sich bei Begegnungen richtig.

Leider funktioniert es zwischen Hund und Mensch nicht so gut – obwohl der Hund sich nicht falsch verhält. Viel zu wenige Menschen wissen, wie man Hunde auf höfliche und aus Hundesicht angemessene Weise begrüßt.

Kinder rennen oft schnell auf einen Hund zu. Ich bin jedes Mal überrascht, dass hier nicht mehr Hunde heftig protestieren. Es ist wichtig, dass Eltern ein bisschen was über Hunde wissen, damit sie ihren Kindern erklären können, wie sie sich verhalten sollen. Auch die Hundebesitzer müssen eingreifen und ihren Hund schützen. Am einfachsten gelingt das, wenn man das Kind kurz bremst und es dann dem Hund ein Leckerchen geben lässt. So kann die Situation in der Regel schnell und friedlich geklärt werden. Man muss außerdem darauf achten, dass das Kind den Hund nur sanft streichelt und nicht umarmt, denn das ist in der Hundesprache eine klare Bedrohung. Leider beachten auch viele Erwachsene die hündischen Regeln für Begegnungen nicht. Sie gehen einfach zum Hund hin, ohne ihm die Gelegenheit zu geben, sie anzuschnüffeln und sich mit ihnen vertraut zu machen. Es ist aber wichtig, dass man das tut, denn Menschen wedeln nicht mit dem Schwanz oder zeigen andere für den Hund erkennbar freundlichen Signale. Viele gehen nicht mal in die Hocke, sondern bleiben bedrohlich stehen oder beugen sich gar mit gebleckten Zähnen (lächelnd) über den Hund. Arme Hunde – wenn man mal darüber nachdenkt, ist es schon seltsam, dass sie damit letztlich doch so gut umgehen können.

Hyperaktive Hunde sind unbeliebt

Manchmal kommt es sowohl unter wilden als auch unter domestizierten Kaniden zu Kämpfen. Oft geht es dabei um Futter, und außerdem kämpfen Männchen um läufige Weibchen. Auch schnelle, heftige Bewegungen können dem Frieden ein Ende bereiten, etwa wenn ein hyperaktiver Hund nicht zu spielen aufhört, obwohl die anderen das längst getan haben.

ANPASSUNG MUSS SEIN

Normalerweise passen sich Hunde in einer Gruppe gut aneinander an. Es spielt keine

Rolle, ob sie zur selben Familie gehören, Freunde sind, die sich häufig treffen, oder nur flüchtige Bekannte, die sich gelegentlich begegnen. Nach einigen Begrüßungsritualen, gefolgt von einer kurzen Episode fröhlicher Rennspiele, kehrt meist Ruhe ein: Einige der Hunde hören mit Rennen und Spielen auf, und die anderen folgen ihrem Beispiel. Es liegt in der Natur von Hunden, sich in ihrem Verhalten mit dem Rest der Gruppe zu synchronisieren. Nur so können alle gut miteinander auskommen. Früher hat es ihren Jagderfolg gesteigert.

QUERTREIBER WERDEN ZURECHTGEWIESEN

Wenn ein Hund sein Energielevel nicht an das der restlichen Hunde anpasst, sondern weiter wie verrückt umherrennt und versucht, die anderen zum Spielen zu animieren, werden einer oder mehrere aus der Gruppe ärgerlich. Sie knurren und bellen den Unruhestifter an und unterbrechen sein Verhalten auf aggressive Weise. Häufig zeigt sich der Unruhestifter dann unterwürfig, jault auf und entfernt sich von der Gruppe, als wolle er fragen: „Was habe ich denn falsch gemacht?"

Auf Begrüßungsrituale folgen oft kurze Episoden fröhlicher Rennspiele.

Es gibt aber hyperaktive Hunde, die auch aus den heftigsten Zurechtweisungen nichts lernen. Sie handeln sich oft immer wieder aufs Neue Ärger ein, was sie zunehmend irritiert. Einmal habe ich einen siebenjährigen Border Collie beobachtet, der frei mit mehreren anderen Hunden lief. Er war Begegnungen mit Artenossen nicht gewohnt und schien außer sich vor Freude. Er begrüßte schnell einige der Hunde und begann dann, rasend schnell um sie herumzurennen. Diese hatten ihre Begrüßungsrituale noch nicht beendet und man konnte sehen, dass sie immer ärgerlicher auf den rennenden Border Collie wurden. Sehr bald starteten sie erste Versuche, ihn zu stoppen, aber er rannte nur noch schneller und hielt es für ein Spiel. Plötzlich bemerkte ich, wie einige Hunde den Border Collie ins Visier nahmen und versuchten, ihn abzufangen, was ihnen jedoch nicht gelang. Ihr Ärger nahm weiter zu. Der Besitzer des Border Collies erkannte, was nun passieren würde, und griff ein, bevor sein Hund in ernste Schwierigkeiten geriet.

Stress und seine Nachwirkungen

Nach heftigen emotionalen Ausbrüchen, etwa in Form von Angst oder Aggression, ist immer eine Erholungsphase nötig. Ein Hund braucht dann etwas Zeit, um sich zu beruhigen und sein inneres Gleichgewicht wiederzufinden. Das dauert länger, als man vielleicht denkt.

Nach einem ein- oder zweiminütigen intensiven, mit Stress verbundenen Erlebnis sind 10 bis 20 Minuten Regenerationszeit nötig. Die Nachwirkungen des Erlebnisses können sogar mehrere Tage lang anhalten. Warum genau das so ist, lässt sich schwer erklären, aber es könnte mit Veränderungen der Neurotransmitter im Gehirn und mit einem erhöhten Level an Stresshormonen zusammenhängen.

NEUROLOGISCHE ASPEKTE

Das Erlebte kann also auf Gehirnebene Einfluss nehmen, wobei häufig auch andere Funktionen beteiligt sind. Eine durch visuelle und akustische Erinnerungen verursachte erhöhte Reaktionsbereitschaft zählt zu den möglichen Folgen, außerdem eine gesteigerte Empfindlichkeit gegenüber plötzlich auftretenden Reizen, Spannung in der Muskulatur und eine erhöhte Wachsamkeit. Darüber hinaus wirkt sich eine traumatische Erfahrung auch auf die Reaktionszeit eines Hundes aus. Bei vielen Hunden ist sie so kurz, dass die Reaktion gleichzeitig mit dem Ereignis, etwa einem unvermittelten Knall, erfolgt.

All das senkt die Toleranzschwelle des Hundes für äußere Reize. Außerdem wird er alles intensiver erleben als zuvor – sogar Ereignisse, die früher keine bestimmte Reaktion hervorgerufen haben. Hat sich ein Hund zum Beispiel vor einem Geräusch erschreckt, wird er noch länge Zeit empfindlich auf diese Art von Geräusch reagieren. Wurde ein Hund von einem anderen Hund provoziert und hat diesen daraufhin angegriffen, wird seine Bereitschaft, andere Hunde anzugreifen, noch lange nach diesem

HUNDE VERSTEHEN

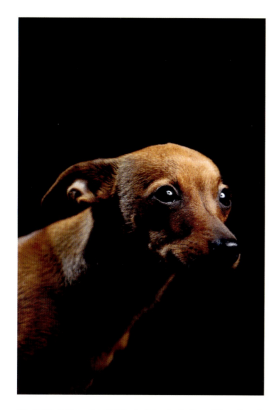

Ein beängstigendes Erlebnis kann bei einem Hund noch lange nachwirken.

Vorfall erhöht sein. Das gilt besonders dann, wenn der andere Hund demjenigen, der ihn ursprünglich provoziert hatte, ähnlich sieht.

STRESSHORMONE

Das veränderte Verhalten eines Hundes nach einem traumatischen Erlebnis kann auch das Ergebnis einer verstärkten Produktion von Stresshormonen wie Adrenalin, Noradrenalin und Cortisol sein. Es ist bekannt, dass es nach einem Schock oder auch „nur" nach länger anhaltendem Stress zu solchen Veränderungen kommen kann. Wie später noch beschrieben wird, ist festzustellen, dass der Spiegel des „negativen" Stresshormons Cortisol während des Trainings mit einem Elektrohalsband ansteigt und noch lange danach erhöht ist (32).

LANG ANHALTENDE WIRKUNG

Aus all dem folgt, dass ein Aggressionsausbruch oder ein beängstigendes Erlebnis bei Hunden noch lange nachwirken. Selbst wenn ein Hund scheinbar über das Erlebte hinweggekommen ist, bedeutet das nicht, dass das Ereignis keinen Einfluss mehr auf sein Nervensystem hat. Es mag nach wenigen Minuten wieder vergessen scheinen, hat in Wahrheit aber den Körper des Hundes umprogrammiert, sodass er für die folgenden Stunden oder sogar Tage in erhöhter Alarmbereitschaft ist.

Dass traumatische Erlebnisse lange nachwirken, zeigt sich auch daran, dass wir davon träumen. Menschen und Hunde – und wahrscheinlich alle anderen Säugetiere auch – träumen nach einem intensiven Erlebnis häufiger und lebhafter. Menschen erinnern sich in ihren Täumen häufig an das Erlebte. Vielleicht ist das bei Hunden genauso.

KUMULATIVER EFFEKT

Solange die Nachwirkungen des vorangegangenen Ereignisses noch nicht vollständig abgeklungen sind, kann, wann immer etwas Verstörendes passiert, dieses neue Erlebnis das erste Trauma weiter verstärken. Hat sich ein Hund vor einem plötzlichen, lauten

Geräusch erschreckt, wird seine Reaktion auf ein weiteres Geräusch innerhalb der folgenden Regenerationszeit heftiger ausfallen, als wenn der Hund Zeit gehabt hätte, sich vollständig von dem ersten Schreck zu erholen. Die Wirkungen akkumulieren; sie summieren sich.

Das könnte erklären, warum zahlreiche Hunde, die sich normalerweise nicht so leicht vor einem einzigen Böller oder anderen Feuerwerkskörpern erschrecken, durch die vielen, schnell aufeinanderfolgenden Geräusche, die ein richtiges Feuerwerk verursacht, verängstigt und traumatisiert werden. Vor diesem Hintergrund wird klar, dass Feuerwerke ein großes Risiko für Hunde darstellen, auch wenn sie normalerweise nicht ängstlich sind.

Der kumulative Effekt im Alltag

Wenn man mit einem angeleinten Hund spazieren geht, muss man von Zeit zu Zeit anhalten, etwa vor dem Überqueren einer Straße oder um den Hund davon abzuhalten, zu einem anderen, angespannt wirkenden Hund hinzulaufen. Geht man dann wieder los, kann es sein, dass der Hund es eilig hat und nach vorn zieht. Es ist, als hätte sich seine Energie während des Stillstehens angesammelt, sodass er nun zu viel davon hat.

Daraus lässt sich auch schließen, dass der kumulative Effekt die Ergebnisse mentaler Tests bei Hunden beeinflusst. Wenn ein Hund sich während eines Testteils unwohl fühlt, steigt sofort das Risiko, dass er beim nächsten Testteil ängstlich reagieren wird. So können Testergebnisse verfälscht werden, weshalb man solchen mentalen Tests nicht zu viel Bedeutung beimessen sollte.

Eingesperrt – Hunde auf engem Raum

Wer einen Hund längerfristig in einen Käfig, ein Auto oder einen Zwinger sperrt oder ihn anbindet, fügt ihm aus vielen Gründen Leid zu. Einer davon ist, dass das Einsperren der Natur des Hundes widerspricht. Hunde haben dasselbe Bedürfnis, sich frei bewegen zu können, wie ihre Vorfahren, die Wölfe. Sie sind genetisch darauf programmiert, das zu tun, was ihnen die besten Überlebenschancen bietet, und das lässt sich auch durch Domestikation, Zucht und Training nicht ändern.

Selbstverständlich ist es für Hunde wie für alle Säugetiere wichtig, dass sie sich frei bewegen und dadurch fit halten können. Wölfe brauchen eine gute körperliche Verfassung, um erfolgreich zu jagen und so ihr Überleben zu sichern. Damit sie immer in Topkondition sind, müssen sie wie Athleten ihren Körper durch Umherlaufen und andere Aktiviäten trainieren.

Zu wenig Bewegung ist hingegen ein Stressfaktor. Wer seinem Hund tägliche lange Spaziergänge und andere körperliche

Aktivitäten verweigert, erfüllt eines seiner Grundbedürfnisse nicht, das fast so wichtig ist wie Futter.

WEGSPERREN IST LEIDER BELIEBT

Einige empfehlen, Hunde zu Hause in einen Flugzeugkennel einzusperren, zum Beispiel, um einen Welpen (!) stubenrein zu bekommen oder um einem Hund beizubringen, nicht eigenständig im ganzen Haus umherzulaufen, und um ihn von Gästen fernzuhalten. Ein guter Trainer braucht ganz sicher KEINEN Käfig, um all das zu erreichen.

Hunde, die auf das Eingesperrtsein mit Jaulen, Bellen, Heulen und Scharren reagieren, werden dafür oft so hart bestraft, dass sie aufgeben und sich ruhig verhalten.

Ein eingesperrter Hund hat keine Kontrolle über seine Situation, egal, wie sehr er versucht, diese zu erlangen. Letztendlich wird er sich nicht mehr zu helfen wissen und resignieren. Der amerikanische Wissenschaftler und Psychologe Martin Seligman, der die Theorie der „erlernten Hilflosigkeit" aufstellte, untersuchte dieses Phänomen. Die Symptome ähneln denen der Depression, und viele sind der Meinung, dass zwischen diesen beiden Zuständen kein Unterschied besteht.

EIN BEDÜRFNIS NACH FREUNDSCHAFT UND GESELLSCHAFT

Gesellschaft, Familie, soziale Interaktion und emotionale Bindungen sind für Hunde von großer Bedeutung. Es gibt viele Handlungen, die diese Bindungen stärken, so zum Beispiel Fellpflege, Spielen und Körperkontakt – sie alle können nur stattfinden, wenn der Hund in soziale Beziehungen mit eingebunden wird.

Es ist also falsch, so ein soziales Tier den ganzen Tag lang allein zu lassen, während man selbst arbeitet. Ebenso unnatürlich und unangenehm ist es für den Hund, wenn er zu Hause vom Familienleben ausgeschlossen wird. Daher sollte sich Ihr Hund ebenso frei im Haus bewegen dürfen wie Sie selbst, und Sie sollten niemals einen Käfig benutzen.

Hunde sollten in das Leben ihres Menschen miteingebunden sein. (Foto: Maurer)

Erkenntnisse aus der Verhaltensforschung
FÜR EIN GLÜCKLICHES HUNDELEBEN

In diesem Kapitel werde ich erklären, wie wichtig zusätzlich zu Liebe und Wissen auch das Einfühlungsvermögen ist. Hunde denken und fühlen, und sie verstehen mehr, als man denkt. Sie sind intelligent! Hunde sind immer aufrichtig, wenn sie ihre Gefühle zeigen.

Falls Sie bisher angenommen haben, an Ihren „Führungsqualitäten" arbeiten und bei der Erziehung Ihres Hundes strenger sein zu müssen, werden Sie hier erfahren, dass dies gar nicht nötig ist. Sie sind bereits automatisch der „Chef", auch wenn Sie Ihren Hund stets freundlich behandeln und mit Leckerchen verwöhnen. Das Kapitel erklärt außerdem, warum Hunde ihre Besitzer als Vorbild betrachten, was gravierende Folgen haben kann, wenn diese sich falsch verhalten.

Selbstverständlich wollen wir alle, dass unser Hund das Leben mit uns und unserer Familie genießt. Sein Leben ist so kurz, und daher ist es wichtig, dass es voller Freude und Aktivitäten ist. Darüber hinaus müssen wir uns eine große philosophische Frage stellen:v Was macht ein glückliches Hundeleben aus? Ist ein Hund glücklich, wenn er geliebt wird und tun kann, was er möchte? Ist er glücklich, wenn er gelernt hat, gehorsam zu sein und sich zu benehmen? Was ist Glück aus Sicht der Verhaltensforschung und Psychologie?

(Foto: Maurer)

Was macht einen guten Hundebesitzer aus?

Bestimmte Eigenschaften sind bei Hundebesitzern besonders wichtig, und ich habe mir oft Gedanken darüber gemacht, auf welche es am meisten ankommt. Für das Wohlbefinden unserer Hunde ist es von großer Bedeutung, wie wir agieren, also wie wir uns aus Hundesicht verhalten. Ich habe immer geglaubt, dass wir unseren Hund vor allem lieben müssen, aber …

FÜHRUNG

In den aktuell beliebten Fernsehsendungen über Hunde wird oft betont, dass wir unbedingt die „Führung" übernehmen müssen und dass wir „klar" sein sollen. Gemeint ist damit nichts anderes, als dass wir grob und hart mit Hunden umgehen sollen; dies wird nur durch viel netter klingende Wörter wie „Führung" und „klar" verschleiert. Manchmal werden kryptische Ratschläge gegeben wie „Sie haben die Verantwortung – Sie können sie nicht dem Hund überlassen." Auch das ist bloß eine Umschreibung für „streng sein und Kontrolle ausüben". Leider suggerieren solche Fernsehsendungen, dass dies das absolut Wichtigste im Leben eines Hundes ist.

Tatsache ist, dass wir die „Führungsrolle" bereits innehaben, weil wir dieselbe Funktion ausüben wie ein Leittier in einer Gruppe wild lebender Kaniden. Dort sind normalerweise die Elterntiere die „Anführer". Für unseren Hund sind wir die Initiatoren: Wir entscheiden, womit er sich beschäftigen soll, wann etwas beginnt und wann es endet, zum Beispiel wann es Zeit für einen Spaziergang ist, wo wir hingehen und wann wir zurückkehren. Das und viele andere Dinge sind die Gründe dafür, warum unser Hund uns als „Elternteil" und damit als „Anführer" betrachtet.

Hunde grob zu behandeln, zu bestrafen und zu dominieren hat nichts mit Führung zu tun. Es handelt sich um Formen des Mobbings, die ihm nicht nur Unbehagen bereiten, sondern auch der Beziehung zwischen Mensch und Hund schaden.

KENNTNISSE ÜBER DIE BEDÜRFNISSE UND DAS VERHALTEN VON HUNDEN

Es ist wichtig zu wissen, wie man die körperlichen Bedürfnisse eines Hundes erfüllen kann – das richtige Futter, Gesundheit, ausreichend Spaziergänge und genügend mentale Auslastung. Dazu gehören auch Dinge wie Krallenschneiden, Zahn- und Fellpflege sowie Tierarztbesuche, falls etwas nicht stimmt.

Außerdem muss man wissen, wie Hunde funktionieren, was sie brauchen, warum sie in bestimmten Situationen das tun, was sie tun, und wie sie sich von Natur aus verhalten. Nur mit diesen Kenntnissen können wir einen Hund artgerecht halten und ihm helfen, ein zufriedenes Familienmitglied zu werden.

Leider müssen viele Hunde auch heute noch große Einschränkungen hinsichtlich ihrer natürlichen Bedürfnisse ertragen. Sie werden ganztags allein gelassen und weder körperlich noch geistig ausreichend gefördert. Sie leiden darunter physisch und psychisch, und das nur, weil ihre Besitzer ihre wahren Bedürfnisse nicht kennen.

GLÜCKLICHES HUNDELEBEN

Es ist leicht, einen süßen Welpen zu lieben, aber diese Liebe muss ein ganzes Hundeleben lang andauern. (Foto: Maurer)

LIEBE

Lange war ich der Meinung, dass man als Hundehalter vor allem ein gutes Herz haben und seinen Hund lieben muss. Wenn die Liebe da ist, wird der Hund ein wichtiges Familienmitglied, und er wird freundlich und geduldig behandelt. Er darf lange Spaziergänge genießen, wobei er jederzeit stoppen und interessante Stellen beriechen darf. Kurz gesagt: Man kümmert sich um ihn und versucht, ihn, seine Bedürfnisse und sein Verhalten zu verstehen.

Gelegentlich war ich dabei, wenn ein erwachsener Hund einen Menschen kennenlernte, der ihn bei sich aufnehmen wollte. Ich achtete dann besonders darauf, ob der zukünftige Besitzer ein „großes Herz" für den Hund zu haben schien. Oft ließen wir zuerst einen anderen Hund in den Raum. Wenn der mögliche neue Besitzer das Gespräch mit den umstehenden Menschen unterbrach und sich stattdessen dem fremden Hund zuwendete, ihn begrüßte und freundlich ansprach, war ich sicher, dass er jedem Hund ein gutes Heim geben würde. Manchmal ließen wir auch einen etwas „ungezogenen" Hund in den Raum rennen, der zur Begrüßung an den Anwesenden hochsprang. Wenn der Interessent dieses wilde Getobe akzeptierte und über das Anspringen lachte, hatte er den Test in unseren Augen bestanden.

Ich habe jedoch begonnen, meine Sicht auf die Eigenschaften von Hundebesitzern zu überdenken. Natürlich bin ich immer noch der Meinung, dass Liebe wichtig ist, aber leider habe ich erlebt, dass sie nicht immer ein Hundeleben lang anhält. Bei vielen scheint die Liebe zu verrauchen, zu verbrennen und schließlich zu verlöschen, wie ein Lagerfeuer, bei dem kein Holz mehr nachgelegt wird. Manche Menschen verändern sich wohl im Lauf der Zeit und beginnen, ihren Hund als lästig zu empfinden. In dem Maß, in dem die Liebe abnimmt, nimmt der Ärger zu. Es ist ein enormer Unterschied, ob man einen Hund als süßen Welpen liebt oder dann, wenn es gerade passt, oder ob man ihn sein ganzes Leben lang liebt.

EINFÜHLUNGSVERMÖGEN

Manche Menschen lieben ihren Hund, wenn sie bei ihm sind, aber wenn sie weg und mit anderen Dingen beschäftigt sind, vergessen sie ihn anscheinend völlig. Das kann dazu führen, dass jemand, der ansonsten liebevoll mit seinem Hund umgeht, ihn dennoch den ganzen Tag lang allein zu Hause lässt. Der Hund mag in seiner Einsamkeit untröstlich sein, bellen und winseln – jemand, dem es an Einfühlungsvermögen mangelt, vergisst seinen Hund, wenn er ihn nicht direkt sieht: „Aus den Augen, aus dem Sinn."

Ich glaube daher, dass es neben der Liebe ebenso wichtig ist, sich in die Situation eines Hundes hineinversetzen zu können und zu verstehen, wie er sich fühlt. Man sollte die Gedanken und Gefühle eines Hundes immer berücksichtigen, auch wenn man ihn nicht direkt im Blick hat.

Körperkontakt ist wichtig!

Ich habe einmal für eine Zeit lang eine Nachbarin unterstützt, indem ich mit ihren Hunden spazieren ging. Wenn ich vom Spaziergang zurückkehre, verteilte ich einige Leckerchen im Garten, setzte mich auf die Treppe und sah den Hunden beim Suchen zu. Es überraschte mich jedes Mal, dass eine Hündin, die Futter wirklich liebte (um es vorsichtig auszudrücken), nur kurz nach den Leckerchen suchte. Dann kam sie lieber zu mir und setzte oder legte sich auf meinen Schoß, wie sie es schon als Welpe getan hatte. Von mir gestreichelt zu werden, meine Nähe und Wärme zu fühlen und Körperkontakt zu mir zu halten, bedeutete ihr mehr als alles andere – sogar mehr als Futter. Das ist das perfekte Beispiel dafür, wie wichtig Körperkontakt ist.

ERFÜLLUNG EINES GRUNDBEDÜRFNISSES

Körperkontakt zählt zu den natürlichen Grundbedürfnissen von Hunden und muss ihnen daher ermöglicht werden. Das Bedürfnis nach Körperkontakt wird stärker, je weniger ein Hund davon erhält. Es ist wie mit der Nahrung – je weniger man bekommt, desto hungriger wird man.

Werden natürliche Bedürfnisse bei jungen Welpen nicht erfüllt, verlieren sie für das einzelne Tier auch dann nicht an Bedeutung, wenn es älter wird. Vielmehr werden sie besonders wichtig und scheinen sich niemals ganz befriedigen zu lassen. Was während der Welpenzeit fehlte oder nicht ausreichend vorhanden war, lässt sich später nicht mehr vollständig ersetzen. Es bleibt auch in Zukunft ein starkes Bedürfnis. Aus der Humanpsychologie ist das Phänomen gut bekannt, aber man kann es auch bei Tieren beobachten.

In einem Experiment bekam die Hälfte eines Wurfs Welpen Milch aus Babyfläschchen mit großen Löchern – sie mussten sich nicht besonders anstrengen, um sie herauszusaugen. Die andere Hälfte der Welpen musste hingegen große Anstrengungen unternehmen, um an die Milch zu kommen, weil die Sauger ihrer Fläschchen nur sehr kleine Löcher hatten. Diejenigen, die die

Milch leicht und schnell trinken konnten, wollten später weiter an irgendwelchen Dingen saugen, sogar noch als erwachsene Hunde. Die Schlussfolgerung war, dass das Saugbedürfnis befriedigt werden muss, weil es sonst bestehen bleibt.

Der Hundepsychologe David Selin untersuchte, ob das Heulen ein natürliches Bedürfnis von Hunden ist oder nicht (12). Er hatte bemerkt, dass Hunde heulen, wenn eine Alarmanlage ertönt. Daraufhin testete er bei einem Hund, ob dieser sich anstrengen würde, um den Alarm auszulösen und dann mit ihm heulen zu können. Er bediente sich dazu eines kniffligen Parcours, bei dem der Hund über wackelige Kisten zu einem Hebel klettern musste, mit dem er den Alarm aktivieren konnte. Es stellte sich heraus, dass der Hund alles daransetzte, um sein instinktives Bedürfnis zu befriedigen.

Der amerikanische Psychologe und Forscher Harry Harlow führte in den späten 1950er-Jahren ein Experiment mit Rhesusaffen durch, das die Bedeutung von Körperkontakt zeigte (16). Ziel des Experiments war herauszufinden, wie sich die Liebe

Körperkontakt ist insbesondere für Welpen, aber auch für erwachsene Hunde sehr wichtig.

beziehungsweise Bindung zu den Eltern messen lässt. Harlow beobachtete Babyaffen, die keinen Kontakt zu ihren echten Müttern hatten, aber stattdessen „Ersatzmütter" bekamen – eine war aus Baumwolle und vermittelte nur Geborgenheit, und von einer „Drahtpuppe" bekamen die Affenbabys ausschließlich Futter, nämlich Milch aus einem Fläschchen, das an der Puppe befestigt war. Die Babys zogen alle die „Stoffmutter" der lebenswichtigen Nahrung vor. Das Experiment ergab, dass Geborgenheit tatsächlich eine sehr bedeutende Rolle im Leben eines Babys spielt. Alle psychischen, sozialen und sexuellen Funktionen wurden durch den fehlenden Kontakt zur echten Mutter beeinträchtigt.

Spätere Forschungen haben diese Ergebnisse bestätigt und teilweise auch gezeigt, wie dieser enge Kontakt wirkt: Er vermittelt das wichtige Gefühl von Geborgenheit und Sicherheit, hat eine beruhigende, stressmindernde Wirkung auf das Nervensystem und stärkt auch psychische Bindungen zwischen den Individuen einer Gruppe. Das Bedürfnis nach engem Körperkontakt, Liebe und Zuneigung ist für Kaniden so wichtig wie für Menschen.

VERMITTLUNG VON GEBORGENHEIT UND SICHERHEIT

Einen Erwachsenen in seiner Nähe zu wissen, bedeutet für ein Kind Schutz und Sicherheit. Das Kind oder Tierkind läuft zu dem Erwachsenen, wenn Gefahr droht. Die meisten Tiermütter haben spezielle Warnlaute, um ihren Kindern zu signalisieren, dass sie „erstarren oder sich verstecken" oder so schnell wie möglich zu ihnen zurückkommen sollen.

Körperkontakt und Berührungen an weichem Fell oder zarter Haut sind Impulse, die das Gefühl von Geborgenheit übertragen. Das ist eine Schlussfolgerung von Wissenschaftlern, die die Bedeutung von Haustieren für Menschen untersucht haben (1).

Dass enger Köperkontakt als positiv empfunden wird, liegt zum Teil an der Ausschüttung von Endorphinen, einer vom Körper

Schenken Sie Ihrem Hund Zeit!

Vor allem Welpen, aber auch erwachsene Hunde brauchen unbedingt Körperkontakt. Wenn Sie sich mit Ihrem Hund hinsetzen, sein Fell streicheln, ihn massieren, ihn auf Ihrem Schoß liegen lassen und ihm Aufmerksamkeit schenken, ist das wertvolle gemeinsame Zeit. Haben Sie mehrere Hunde, besteht das Risiko, dass Sie nicht genügend Zeit für diesen wichtigen Teil der sozialen Beziehung aufbringen können. Dann müssen Sie größere Anstrengungen unternehmen oder andere Familienmitglieder in den aktiven Sozialkontakt mit den Hunden einbinden.

GLÜCKLICHES HUNDELEBEN

Herzpatienten mit Hunden haben eine bessere Prognose. Wichtigster Faktor in diesem Zusammenhang ist der Körperkontakt.

gebildeten, morphinähnlichen Substanz, die unter anderem beruhigend wirkt. Auch der Neurotransmitter Oxytocin löst angenehme Gefühle aus. Der Oxytocinspiegel steigt bei engem Körperkontakt, Massagen und Streicheleinheiten. Das passiert bei jedem, ob jung oder alt, und natürlich bei Mutter und Kind während des Stillens.

Wenn ein Mensch einen Hund streichelt, sinkt nicht bloß der Puls des Menschen, sondern auch der des Hundes. Eine aktuelle Studie in einem Tierheim in Dayton, Ohio, hat gezeigt, dass Körperkontakt und Streicheln der vermehrten Ausschüttung des Stresshormons Cortisol vorbeugen können. Menschen, die Hunde massieren, betonen, dass diese Art von Berührungen oft eine beruhigende Wirkung hat und die mentale Verbindung zu den Tieren fördert.

HERZPATIENTEN MIT HUNDEN

Hunde- und auch Katzenbesitzer haben höhere Chancen, einen Herzinfarkt zu überleben. Amerikanische Wissenschaftler haben Körperkontakt als den wichtigsten Faktor in diesem Zusammenhang anerkannt (10). Jemanden zu haben, den man streicheln kann, der einem Wärme und Zuneigung gibt und dem man beides auch zurückgeben kann, ist von entscheidender Bedeutung. Körperkontakt unter Menschen wird, nach ungeschriebenen Regeln, manchmal als Tabu betrachtet, sofern er nicht innerhalb der Familie stattfindet – und selbst dann ist er nicht immer positiv. Das Bedürfnis danach ist jedoch vorhanden und wird nicht verschwinden – vielmehr nimmt es zu, wenn es nie befriedigt wird. Enger Kontakt mit Tieren wird nicht durch irgendwelche sozialen Regeln beschränkt und kann ohne Einschränkungen überall und jederzeit stattfinden.

WICHTIG FÜR DIE JÜNGSTEN

Körperkontakt ist besonders wichtig für Kinder, egal, ob Mensch oder Tier, und er stellt einen physischen Schutz vor Gefahr dar. Tier- und Menschenkinder können sich nicht selbst verteidigen. Sie sind abhängig von ihren Eltern, insbesondere von ihrer Mutter.

Nahezu alle Kinder möchten Tiere umarmen, streicheln oder ihnen anderweitig körperlich nah sein, was beweist, dass sie ein Bedürfnis haben, das sie befriedigen möchten. Es ist auch üblich, dass kleine Kinder ein bestimmtes Kuscheltier immer bei sich haben wollen, bei dem sie Trost finden, vor allem, wenn sie sich allein fühlen. Ein wichtiger Aspekt eines Kuscheltiers ist sein weiches Fell. Eine Drahtpuppe würde einem Kind ebenso wenig helfen wie den Affen in Harlows Experiment.

Spiegel der Seele

Spiegelneuronen sind winzige Gehirnzellen, ohne die wir kein Einfühlungsvermögen und kein Mitgefühl hätten. Diese Spiegelneuronen machen möglicherweise das äußerst empfindliche Wesen unserer Seele aus und sind das krönende Ergebnis von Millionen von Jahren während Evolution. Neurowissenschaftler sagen, dass es vielleicht diese Gehirnzellen sind, die uns von Tieren unterscheiden; dass nur Menschen andere Individuen verstehen und mit ihnen fühlen können (19).

WIR SIND NICHT SO EINZIGARTIG, WIE WIR DENKEN

Häufig wird die Menschheit als Krone der Schöpfung bezeichnet und es heißt, wir Menschen seien die höchstentwickelten Lebewesen auf der Erde. In Anbetracht all der Grausamkeit und Gewalt, die die Menschheit auf der Welt verursacht, mag sich diese Behauptung heute nur schwer verteidigen lassen. Aber trotz allem können wir uns anderen gegenüber rücksichtsvoll, verständnisvoll und respektvoll verhalten, wobei leider nicht alle Menschen das auch Tieren gegenüber für notwendig erachten. Früher glaubte man, dass Tiere nicht in der Lage seien, viel Schmerz, Kummer oder Leid zu verspüren. Heute wissen wir es besser.

Aktuelle Forschungen haben ergeben, dass Menschen nicht die einzigen Lebewesen mit Spiegelneuronen im Gehirn sind. Hunde haben auch welche! Das bedeutet, dass Hunde in gewissem Maß die Fähigkeit besitzen, sich in andere einzufühlen, sich für sie zu interessieren und sich altruistisch zu verhalten, ohne eine direkte Belohnung dafür zu erwarten. Wenn wir uns eingehender mit Hunden beschäftigen und mehr über sie lernen, wird sich genau das bestätigen. Sie beweisen es uns permanent durch ihr Handeln.

Ich habe solches Verhalten schon so beobachten können, etwa bei der Border-Collie-Hündin Lajban. Ich habe dabei geholfen, sie zu Schwedens erstem Servicehund auszubilden. Im Lauf der Jahre fand sie ganz allein heraus, wie sie den Rollstuhl ihres Besitzers schieben könnte. Sie erkannte, dass sich der Stuhl vorwärtsbewegte, wenn sie sich mit ihrem Hals an seine Rückseite lehnte und kräftig drückte. Lajban hielt beim Schieben ab und zu inne und sah nach vorn, als würde sie nach möglichen Hindernissen Ausschau halten.

Kontrolle statt Unvorhersehbarkeit

Vorausahnen zu können, was passieren wird, ist für Hunde ebenso wichtig wie für Menschen. Wenn Spaziergänge, das Füttern und Aktivitäten zu bestimmten Zeiten stattfinden, bedeutet das weniger Stress.

In einer Reihe von Experimenten wurden Tiere mehrfach für sie unangenehmen Situationen ausgesetzt, etwa, indem sie Elektroschocks erhielten (35). Geschah das jeden Tag zur selben Zeit und erfolgte zuvor eine Warnung, zum Beispiel durch einen bestimmten Ton, waren die negativen Folgen nicht besonders stark ausgeprägt. Solange die Tiere wussten, was passieren würde, schienen sie mental auf den Umgang damit vorbereitet zu sein. Wenn die Tiere in diesen Experimenten die unangenehme Situation aber nicht voraussehen konnten, weil sie zufällig und ohne vorherige Warnung herbeigeführt wurde, litten sie nach kurzer Zeit so stark unter Stress, dass sie an Herzversagen, Geschwüren oder anderen stressbedingten Erkrankungen starben.

Dieselben schädlichen Auswirkungen hatte es, wenn die Tiere nur das Warngeräusch hörten, auf das jedoch kein Elektroschock folgte. Es bedeutete also ebenso viel Stress, wenn das, was die Tiere erwarteten, niemals eintrat.

Bei Hunden, die nicht vorhersehbaren, unangenehmen Ereignissen ausgesetzt werden, lässt sich ein erhöhter Spiegel des negativen Stresshormons Cortisol nachweisen (23).

Das Gefühl, die eigene Lebenssituation kontrollieren zu können, ist ein wichtiger Faktor, wenn es darum geht, negativen Stress zu reduzieren. Selbst wenn Tiere unangenehmen Ereignissen ausgesetzt sind, lässt sich starker Stress vermeiden, wenn die Tiere in der Lage sind, die Situation zu kontrollieren. Experimente zeigen, dass Tiere, die Elektroschocks entgehen können, indem sie sich in eine „sichere" Ecke des Käfigs flüchten oder einen Knopf drücken, nicht an ernsten Stresssymptomen leiden.

Rituale wie das tägliche Füttern zur gleichen Zeit tragen zur Stressreduktion im Alltag bei.

Selbst entscheiden zu dürfen, wo er beim Spaziergang schnüffelt, ist für den Hund eine Möglichkeit, Kontrolle über sein Leben auszuüben.

TÄGLICHE RITUALE SIND WICHTIG

In den meisten Familien gibt es tägliche Rituale für den Hund. Mahlzeiten und Spaziergänge finden in der Regel etwa um die gleiche Zeit statt und werden immer durch dieselben Signale angekündigt. Die Futterschüssel klappert und es heißt „Komm und friss", oder die Leine wird geholt, die Jacke angezogen und es heißt „Lass uns spazieren gehen".

Wenn möglich sollten Sie weitere Rituale etablieren. Ruhen nach jeder Mahlzeit ist ein gutes Ritual, das Hunde schnell verstehen und das ihnen angenehm zu sein scheint. Es spielt keine Rolle, ob die Ruhephase kurz oder lang ist.

Ebenfalls günstig ist es, den Hund im Haus mehrmals täglich immer zur selben Zeit geistig zu fordern. Auf diese Art von Ritualen freut sich der Hund. Man kann beispielsweise kleine Leckerchen in Boxen oder Taschen verstecken oder den Hund in verschiedenen Räumen nach Leckerchen suchen lassen.

DAS GEFÜHL VON KONTROLLE VERMITTELN

Hat der Hund das Gefühl, sein Leben kontrollieren zu können, ist es uns gelungen, ihn gegen negativen Stress zu „impfen" und ihm ein bisschen mehr Freude, Sicherheit und Selbstwertgefühl zu geben.

Wenn Sie mit Ihrem Hund spazieren gehen, sollten Sie ihm daher erlauben, den Spaziergang damit zu beenden, dass er alle für ihn interessanten Stellen abschnüffelt. Er sollte beim Spaziergang außerdem so oft wie möglich die Richtung bestimmen und auf diese Weise Kontrolle ausüben dürfen – es ist immerhin der Spaziergang des Hundes und nicht Ihrer! Konzentrieren Sie sich während dieser besonderen gemeinsamen Momente auf Ihren Hund, nicht auf Ihr Handy!

Achten Sie auf kleine Signale, mit denen Ihr Hund versucht Ihnen zu zeigen, dass er hungrig ist, nach draußen möchte, spielen möchte, neben Ihnen auf dem Sofa sitzen möchte und so weiter. Leider übersehen die meisten Menschen diese Signale, und in der Folge stellt der Hund diese Form der Kommunikation bald ein.

KLEINE ÜBERRASCHUNGEN SIND PRIMA

Gelegentlich ist es eine gute Idee, den Hund etwas anderes erleben zu lassen als die gewohnten täglichen Aktivitäten. Das kann ein Ausflug mit dem Auto sein, ein Besuch woanders oder Gäste im eigenen Haus. Diese Unterbrechungen der Alltagsroutine finden in der Regel am Wochenende statt, wenn sich das Leben aller in der Familie ein wenig verändert.

Rangordnung und Anführerschaft

Im Hinblick auf Beziehungen zwischen Hunden sind wir es gewohnt, „vertikal" zu denken, das heißt, wir gehen von einer Hackordnung mit „höher" und „niedriger" stehenden Tieren aus und wir nehmen eine Machtverteilung beziehungsweise Rangordnung von oben nach unten an, als würde sich das alles auf den Sprossen einer Leiter abspielen.

Mittlerweile sind sich Verhaltensforscher jedoch einig, dass Rangordnungen „horizontal" sind und viel stärker auf dem Alter der Tiere basieren. Die hierarchische Ordnung entsteht sogar genau auf umgekehrtem Weg – anders ausgedrückt sind es nicht die „ranghöheren" Tiere, die durch dominantes Verhalten zeigen, wer der Chef ist, sondern es sind die jüngeren und „rangniedrigeren" Tiere, die durch ihr aktives, unterwürfiges Verhalten zeigen, dass sie im Rang „weiter unten" stehen.

Die Biologin Thelma Rowell war die Erste, die darauf hinwies, dass die Rangordnung in einer Gruppe von Wildtieren nicht durch Dominanz, sondern durch Unterwürfigkeit hergestellt wird. Verhaltensforscher betonen jedoch häufig, dass dieses Konzept der Rangordnung nicht ausreicht, um die Beziehungen in einem Wolfsrudel vollständig zu erklären (31, 25).

IRREFÜHRENDE WÖRTER

Wörter wie „Dominanz" und „Unterwerfung" sind in der Verhaltensforschung etablierte Begriffe. Sie sagen aus, ob ein Individuum

Zugang zu einer Ressource wie Futter oder einem Sexualpartner hat oder eben nicht. Sich Zugang zu dieser Ressource zu verschaffen erfordert von dem betreffenden Tier in der Regel weder Drohungen noch Gewaltanwendung; soziale Kompetenz, Intelligenz, Erfahrung und Alter reichen aus.

Hunde können sich ganz schön schlau verhalten, wenn sie an bestimmte Ressourcen gelangen wollen. Ich habe das schon einige Male selbst beobachtet. Einmal kaute einer der Hunde einer Familie zufrieden auf einem frischen Knochen aus der Metzgerei. Der zweite Hund hatte ebenfalls einen Knochen bekommen, aber dieser war nicht so groß wie der seines Freundes. Er sah den anderen Hund neidvoll an und begann, ihn zu umkreisen. Es war, als würde er versuchen einen Weg zu finden, den begehrten Knochen zu stehlen. Plötzlich sauste er los und bellte dabei irgendetwas in weiterer Entfernung wie verrückt an – da war aber gar nichts. Der Hund mit dem großen Knochen hörte auf zu kauen, sah hoch und rannte, ebenfalls bellend, in dieselbe Richtung. Der schlaue Hund schlug einen Bogen, lief zurück und schnappte sich selbstzufrieden den größeren Knochen.

Dominanz: Für viele Leute ist das Wort Dominanz gleichbedeutend mit Unterdrückung, Drohen und Beißen. Das ist jedoch eine Fehlinterpretation. Dominante Tiere sind weniger aggressiv als Tiere, die einen geringeren Status haben. Das Elternpaar im Wolfsrudel hat den höchsten Status, ist also am dominantesten – und es zeigt sich weniger aggressiv als alle anderen Rudelmitglieder.

Unterwerfung: Der verhaltenswissenschaftliche Begriff „Unterwerfung" ist kein Synonym für Angst oder dafür, dass einem ranghöheren Tier nachgegeben wird. Er ist ein Oberbegriff für eine Reihe von körpersprachlichen Signalen und Lauten, die eine vorübergehende Position gegenüber einem anderen Individuum anzeigen.

Es kann sich entweder um „passive Unterwerfung" handeln – das heißt, die Friedensfahne wird gehisst, um auszudrücken, dass keine Absicht zur Konkurrenz um eine Ressource besteht. Es gibt aber auch „aktive Unterwerfung", bei der ein anderes Individuum „umworben" wird. Erwachsene Hunde nutzen dazu ähnliche Signale wie Welpen. Sie wedeln mit dem Schwanz, lecken das Maul eines anderen Hundes, zeigen eine tiefe Körperhaltung, legen die Ohren zurück, ziehen die Lefzen nach hinten und winseln. Es sieht wie der Ausdruck von Zuneigung und Freude aus, und es kann tatsächlich genau das bedeuten. Diese Signale dienen auch der Verstärkung der psychosozialen Bindung, die zwischen den betreffenden Individuen besteht. Der ideale Zeitpunkt, um all das zu beobachten, ist, wenn Sie nach Hause kommen und Ihr Hund Sie an der Tür mit den Signalen „aktiver Unterwerfung" begrüßt.

Es gibt also keine versteckte Bedeutung dieser Verhaltensweisen, nichts daran ist als „feige" oder negativ zu werten, und der Hund fühlt sich auch nicht „unterlegen". Mit solchen Deutungen würde man dem Hund menschliche Gefühle zuschreiben. Hunde haben keine Angst, das Gesicht zu verlieren, dieses Gefühl kennen nur Menschen!

ALTE FORSCHUNGSERGEBNISSE

Studien aus den 1920er-Jahren und weitere, später durchgeführte, ähnliche Studien bilden die Basis für unsere Wahrnehmung, dass die Rangordnung unter sozialen Tieren auf Macht gründet. Diese Studien heben hervor, dass ranghöhere Tiere diejenigen sind, die am meisten Entscheidungen treffen, das meiste Futter und die meisten anderen Vorteile bekommen. Sie behaupten, es sei richtig anzunehmen, dass die stärksten Individuen die Regeln aufstellen.

Diese Meinung teilten aber nicht alle Biologen. Natürlich hatten viele von ihnen in verschiedensten Studien Aggression in Tiergruppen beobachtet. Darüber hinaus hatten sie gesehen, dass die stärksten, aggressivsten und schlausten Individuen anscheinend die meiste Macht in der Gruppe ausübten. Ihnen war jedoch auch das Gegenteil aufgefallen! Sie hatten Tiere mit einem hohen Status gesehen, die sich anderen gegenüber weder aggressiv noch durchsetzungsstark verhielten. Wie ließen sich diese enormen Unterschiede zwischen Tieren der gleichen Art erklären?

Es war die Biologin Thelma Rowell, die schließlich auf den Grund dafür aufmerksam machte, warum die Forschungsergebnisse so unterschiedlich sein konnten (31). Die Studien, die ergaben, dass die Rangordnung unter Tieren auf Aggression basiert, waren an Tieren in Gefangenschaft durchgeführt worden!

Studien an wild lebenden Kaniden brachten völlig andere Ergebnisse. Der Biologe Adolph Murie hob beispielsweise in den 1940ern hervor, dass sich die Tiere in dem von ihm erforschten Wolfsrudel untereinander nahezu überhaupt nicht aggressiv zeigten. Ganz im Gegenteil berichtete er, wie sehr ihn die anscheinend liebevolle und enge Beziehung der Tiere in dieser Gruppe überrascht habe (28).

Eine wild lebende Tiergruppe, beispielsweise ein Wolfsrudel, ist ein Familienverband. Dieser besteht aus der Mutter, dem Vater und Kindern unterschiedlichen Alters, die überlebt haben und geblieben sind oder nach einer Zeit des Umherstreifens wieder zurückgekehrt sind. In einigen Familien leben auch „adoptierte" Wölfe, die ursprünglich nicht dazugehörten.

Für das Überleben des Rudels ist es wichtig, dass es den Tieren gelingt, Friede und Freundschaft aufrechtzuerhalten. Jeder Konflikt droht, die Gruppe zu schwächen. Kämpfe innerhalb einer Familie sind daher äußerst selten.

Wölfe in Zoos haben sich die Mitglieder ihrer Gruppe hingegen nicht ausgesucht und sind oft auch nicht mit ihnen verwandt. Es ist unnatürlich, wenn zu viele gleichaltrige Tiere im selben Rudel leben. Zudem haben die Tiere nicht die Option, das Rudel zu verlassen, sondern sind gezwungen, in einer Gruppe zu bleiben, die möglicherweise von schlechten sozialen Beziehungen geprägt ist. Diese Wölfe haben selten oder nie die Gelegenheit zu jagen, sind also permanent unterfordert. Außerdem hängt ihr Überleben nicht von den anderen Gruppenmitgliedern ab. Das ist der Grund, warum es in Gruppen von in Gefangenschaft lebenden Tieren zu Kämpfen und Ablehnung kommt.

ALTE MYTHEN ÜBER RANGORDNUNG UND DIE FÜHRUNGSROLLE

Die falsche Vorstellung, dass wir als Hundebesitzer in die Rangordnung miteinbezogen werden und an der Spitze dieser Hierarchie stehen müssen, entstammt älterer Forschungen. Sie hat zu einer Reihe eigenartiger Mythen geführt, die alle jeglicher Grundlage entbehren.

- Menschen streben in der Regel nach einer höheren Position, zumindest bei der Arbeit. Den Hunden schrieb man dieselbe Eigenschaft zu und schloss daraus: Wenn man zu nett zu seinem Hund ist, steigt er in der Rangordnung auf. FALSCH!
- Deshalb glaubte man auch, der Hund würde die Führungsposition des Menschen infrage stellen. FALSCH!
- Ein ungehorsamer Hund sollte daher nicht nur korrigiert, sondern hart bestraft werden, weil man ihm so zeigen kann, dass man der Chef ist. FALSCH!

Dieses Rudelführerkonzept ist wie gemacht für Menschen, die Hunden gegenüber eine rauere und weniger empathische Einstellung haben.

- Sie verhalten sich ihren Hunden gegenüber autoritär, rechtfertigen das aber damit, dass sie so ihre „Führungsrolle gut ausfüllen".
- Sie bestrafen ihre Hunde häufig, was sie damit rechtfertigen, dass sie auf diese Weise „gute Führungsqualitäten zeigen".
- Sie gewähren ihren Hunden wenig Freiheit und möchten, dass sie sich passiv verhalten (und man nicht viel von ihnen sieht oder hört). Auch das rechtfertigen sie damit, dass sie „ihre Führungsrolle korrekt ausüben".
- Sie sind der Meinung, dass die Diagnose „Problemhund" ein Zeichen „mangelnder Führungsqualitäten" des Besitzers ist, und sie glauben daher, dass es die beste Therapie ist, den Hund besser zu „führen", das heißt, hart mit ihm umzugehen und ihn zu bestrafen.

In nahezu allen heutigen Fernsehsendungen über Hunde geht es vor allem darum, wie wichtig es ist, der Chef zu sein. Kein Wunder also, dass die Fernsehzuschauer das glauben. Es kommt schließlich im Fernsehen, und da kann es ja nicht falsch sein ... oder vielleicht doch?

MODERNE VERHALTENSFORSCHUNG

Biologen, Verhaltensforscher, Psychologen und viele andere, die sich mit Tierverhalten auskennen, versuchen seit vielen Jahren klarzumachen, dass die Rudelführertheorie falsch ist. Dennoch ist es uns bis jetzt nicht gelungen, diese Nachricht wirklich zu vermitteln. Tatsache ist, dass es trotz aller wissenschaftlichen Beweise des Gegenteils noch immer Menschen gibt, die Bücher schreiben und Artikel in Hundezeitschriften veröffentlichen, in denen sie die irrige Ansicht vertreten, dass „Rudelführerschaft" von größter Bedeutung ist.

Das Modell des Zusammenlebens, das Hunden wohl am meisten gerecht wird, ist selbstverständlich das natürliche Modell, das wir bei Gruppen von wild lebenden Tieren beobachten können. Dieses Modell gibt ihnen den Freiraum für ihre individuelle Entwicklung und basiert auf Zuneigung und Gemeinschaft. Das bedeutet, dass Hundebesitzer ihre schlechte Laune nicht an ihrem Hund auslassen sollten. Auch Prestigedenken hat in einer Beziehung mit Hunden nichts zu suchen. Ebenso wenig der Gedanke, dass der Hund „gewinnt", wenn er knurrt oder bei einem Zerrspiel das Spielzeug erobert.

Kaniden sind nicht für das „Gefängnismodell" geschaffen, auch wenn sie mit uns in einer Art Gefangenschaft leben. Dennoch scheinen sie irgendwie damit zurechtzukommen.

Bei Zerrspielen darf der Hund das Seil ruhig erobern, er wird seinen Menschen deshalb nicht weniger achten. (Foto: Maurer)

GLÜCKLICHES HUNDELEBEN

KEIN ANFÜHRER, SONDERN ...

... Lehrer: Beim Umgang und Training geht es nicht darum, dass Sie der Anführer sind und der Hund Ihr Untergebener. Vielmehr sollten Sie die Rolle des Lehrers übernehmen und dem Hund helfen, bestimmte Fähigkeiten zu erlangen. Sie können ihm sogar auf positive Weise beibringen, etwas zu unterlassen, ganz ohne die Stimme zu erheben oder ärgerlich zu werden.

... Eltern: Ältere Tiere in wild lebenden Wolfsrudeln sind weniger Lehrer, sondern in erster Linie Eltern. Als solche sind sie Vorbilder für richtiges Verhalten – und tolerant!

Die Mitglieder eines Wolfsrudels entwickeln sich auf natürliche Weise. Mit Erreichen der Geschlechtsreife sind die Jungtiere erwachsen, auch wenn es ihnen noch an Erfahrung fehlt. Zu diesem Zeitpunkt verlassen die meisten von ihnen ihre Familien, um einen Partner und ein eigenes Territorium zu finden.

Unsere Haushunde werden hingegen nicht „erwachsen", sondern bleiben immer unsere „Welpen" und verhalten sich uns gegenüber deshalb so, wie das alle Welpen Älteren gegenüber tun würden. Den genauen Grund dafür kennt man nicht, aber vielleicht liegt es teilweise an der Domestikation, in deren Verlauf sich Hunde an unser Leben angepasst und wir sie so gezüchtet haben, dass sie ihre Welpenhaftigkeit nicht verlieren. Ein anderer Grund könnte sein, dass Hunde uns nicht verlassen, sobald sie geschlechtsreif sind. Sie bleiben in der Familie, und wir werden – zumindest aus ihrer Sicht – immer die Älteren und Erfahreneren sein.

Hunde betrachten ihren Menschen ohnehin schon als „Anführer". Dafür muss dieser gar nichts Besonderes tun.

SIE KÖNNEN SICH ENTSPANNEN!

Sie müssen sich also keine Sorgen darüber machen, dass der Hund „die Führung übernimmt", und Sie müssen auch nicht „stark sein und zeigen, wer der Chef ist".

Beim Training können Sie Ihre Taschen mit Leckerchen vollstopfen – wenn Sie das wollen. Und Sie können so nett und liebevoll sein, wie Sie möchten. Es ist absolut okay, wenn Sie Ihren Hund verwöhnen – innerhalb gewisser Grenzen natürlich!

Ja, richtig, für Ihren Hund sind Sie bereits der Anführer oder wie auch immer wir das nennen wollen. Aus seiner Sicht sind Sie der Ältere und derjenige mit mehr sozialer Kompetenz. Selbst wenn Sie den Hund erst zu sich genommen haben, als er bereits erwachsen war, wird er Sie so wahrnehmen.

Sie sind nicht nur ein „Elternteil", sondern, wenn es um Aufgaben und Aktivitäten geht, meistens auch der Initiator, was ebenfalls typisch ist für Wolfseltern. Einen Überblick gibt die folgende Liste:

Besondere Aufgaben und Aktivitäten eines „Anführers" bei wild lebenden Kaniden	Entsprechende Aktivitäten des Hundebesitzers	Wichtige Aktivitäten, die ein Hundebesitzer einplanen sollte
Initiiert Bewegung.	Initiiert Spaziergänge und andere Aktivitäten.	Die Initiative zum Spaziergang ergreifen.
Führt die Gruppe in Jagdgebiete etc.	Macht Spaziergänge mit einem bestimmten Ziel, an dem interessante Aktivitäten warten.	Orte aufsuchen, an denen mentale Aktivierung wartet – v mehrere Ziele bzw. „Stationen". Dabei Aktivitäten, bei denen es um Schnelligkeit geht, mit solchen mischen, die mehr Konzentration erfordern, z. B. Agility, Nasenarbeit, Balancieren, Finden von Problemlösungen und Lernaufgaben.
Wählt die Beute aus.	Wählt geeignete Aktivitäten aus (mentale Aktivierung).	Jeden Tag andere Aktivitäten wählen, mal schnelle, mal langsame.
Beginnt die Jagd.	Gibt dem Hund das Signal, dass es losgeht.	Den Hund kurz warten lassen, bevor das Okay-Signal kommt. Ihn vorher ein wenig massieren.
Kooperiert während der Jagd.	Unternimmt die Aktivitäten gemeinsam mit dem Hund.	Den Hund bei den Aktivitäten begleiten. Ihn bei Agilityübungen (mit künstlichen oder natürlichen Hindernissen) oder beim Suchen, etwa nach einem Dummy, anleiten. Abwechslung ist am besten.
Beendet die Jagd.	Beendet die Aktivitäten.	Wenn nötig, die Aktivitäten mit ein wenig Stretching beenden.
Von ihm geht selten soziale Interaktion aus, aber er weist diejenigen, die mit ihm interagieren wollen, nicht zurück.	Lässt sich vom Hund begrüßen und reagiert darauf, begrüßt ihn aber selten von sich aus.	Immer sicherstellen, dass der Hund Familienmitglieder begrüßen kann und auch in anderer Hinsicht die Initiative zu sozialer Interaktion und für Hunde normalen Ritualen ergreifen kann.
Ihm wird häufig Aufmerksamkeit zuteil, und die anderen schauen zu ihm auf.	Reagiert positiv darauf, wenn der Hund Kontakt sucht.	Auf das Verhalten des Hundes achten. Wenn er Aufmerksamkeit sucht, etwa durch einen Blick oder durch Berührung mit der Pfote oder Nase, immer reagieren und den Hund bitten zu „zeigen", was er möchte.
Findet Schlafplätze und regt den Rest der Gruppe zum Ruhen an (Harmonisierung).	Ruht zu bestimmten Zeiten und sorgt dafür, dass der Hund sich ebenfalls entspannen kann.	Gemeinsam entspannen.
Füttert die Welpen.	Füttert den Hund.	Den Hund füttern (mindestens zweimal täglich).

Geschlechterrollen bei Wölfen

Als enge Verwandte unserer Hunde sind Wölfe natürlich interessant. Das bedeutet allerdings nicht, dass sich die beiden Arten sehr ähnlich sind – ganz im Gegenteil gibt es große Unterschiede. Eine Gemeinsamkeit dieser Kaniden ist dennoch faszinierend: Sowohl die wilden als auch die domestizierten haben dieselben Wurzeln.

Nicht nur die Gemeinsamkeiten und Unterschiede sind interessant, sondern es ist einfach spannend, mehr über die Urväter unserer Hunde zu erfahren – es ist, als würde man sich den Stängel einer wunderschönen Blume genauer betrachten.

DIE ROLLE DES RÜDEN WURDE VERHERRLICHT

Es ist noch gar nicht lange her, da dachten viele, dass es die wichtigste Aufgabe einer Wölfin wäre, sich um ihre Welpen zu kümmern. Darüber hinaus schien sie im alltäglichen Leben des Wolfsrudels keine besonders bedeutende Funktion zu haben.

Dem Rüden schrieb man hingegen zu, dass er das Überleben des Rudels sichern würde. Nach allgemeiner Auffassung war es der Rüde, von dem jede Aktivität ausging und der die Gruppe zur Jagd führte. Man sah ihn als strengen Lehrer, der seine Familie mit seinem Mut, seiner Einsatzbereitschaft und seiner Kraft schützte. Das war die vorherrschende Meinung zu der Zeit, als die meisten Ausbilder und Hundetrainer Männer waren.

Damals wurde allerdings viel an Wölfen in Gefangenschaft geforscht, und wie wir nun wissen, lassen sich das Verhalten und die Beziehungen wild lebender Tiere nicht mit denen von in Gefangenschaft lebenden Tieren vergleichen.

FORTSCHRITTE IN DER VERHALTENSFORSCHUNG

Das Wissen über wild lebende Wölfe wächst stetig. In den 1990er-Jahren, erstmals 1995 (9), wurde mit der Wiederansiedlung von Wölfen im US-amerikanischen Yellowstone-Nationalpark begonnen. Ihre weitere Entwicklung und die Auswirkungen auf das Ökosystem im Park wurden seither mitverfolgt.

Die Existenz der Wölfe wirkte sich ausschließlich positiv auf die Flora und Fauna aus. Es wird auf den „Kaskadeneffekt" Bezug genommen, also darauf, wie eine Art eine andere beeinflusst und wie sich das dann auf eine dritte Art auswirkt und so weiter.

Die Wiederansiedlung von Wölfen im Yellowstone-Nationalpark trug zur Wiederherstellung des ökologischen Gleichgewichts bei. Die Zahl der Elche verringerte sich, die Natur in der Umgebung erholte sich, die Zahl der Insekten und Vögel stieg. Wissenschaftler konnten nachweisen, dass Wölfe und andere Raubtiere eine wichtige Rolle spielen. Indianer aus Kanada und Alaska sagen, dass der Wolf die Gesundheit des Karibus (eine Rentierart) erhält.

Wolfsrudel stellen sich bei der Jagd äußerst geschickt an. Diese „Familientiere" halten zusammen und kooperieren effektiv. Die Jungen werden bestmöglich betreut und beschützt.

GLÜCKLICHES HUNDELEBEN

Wolfseltern haben eine liebevolle Beziehung zu ihren Welpen.

Sie werden nicht von fordernden, harten Eltern „erzogen", die ihre Welpen dominieren. Die Eltern sind monogam, und wenn ein Elternteil stirbt, fällt es dem Überlebenden schwer, einen neuen Partner oder eine neue Partnerin zu finden.

In einem Wolfsrudel beteiligt sich jeder an allem. Alle jagen, alle tragen die Beute nach Hause zu den wartenden Welpen und ihrer Mutter oder dem betreuenden Wolf. Alle sind an der Betreuung der Welpen beteiligt und alle warnen und beschützen die Gruppe.

Allerdings haben Forscher herausgefunden, dass Wölfe durchaus die Aufgaben untereinander aufteilen. Früher dachte man (und einige Menschen tun das heute noch), dass der Rüde das wichtigste Rudelmitglied ist. Heute wissen wir aber, dass die Wölfin die wichtigere Rolle spielt (9). Insgesamt zeichnet sich ein Wolfsrudel durch eine hervorragende Kooperation untereinander und demokratische Strukturen aus, was möglicherweise die Erklärung für den Erfolg der Wölfe als Tierart ist.

Forschungen belegen auch, dass das Elternpaar die anderen nicht dazu zwingt, ihnen zu folgen. In seinem 1970 in englischer Sprache erschienenen Buch „The Wolf" erzählt der Wolfsforscher David Mech von einem Wolfsrudel, das die Überquerung eines zugefrorenen Sees in Angriff nimmt (26). Das Elternpaar ging aufs Eis, aber die jüngeren Tiere zögerten und blieben am Ufer. Nachdem sie einige Male versucht hatten, die anderen zu ermutigen, ihnen zu folgen, gaben die Eltern schließlich auf und nahmen den Weg, den ihr Nachwuchs einschlagen wollte.

EINE NEUE SICHT DER ROLLENVERTEILUNG

In den meisten Rudeln ist es der Vater, in der Regel der älteste Rüde, der die Gruppe zu verschiedenen Jagdgebieten führt. Er läuft dabei nicht immer an der Spitze der Gruppe. Häufig kann man an dieser Position jüngere Tiere beobachten, die voller Energie stecken. Vater und Mutter jedoch sind es, die wissen, wo es hingeht, das heißt, wo das beste Jagdgebiet ist. Außerdem ist oftmals der Vater der Erste, der die Mitglieder seines Rudels verteidigt, wenn sie von einem größeren Raubtier wie einem Bären oder einem Puma bedroht werden.

Einen Großteil der Verantwortung für das gesamte Rudel trägt jedoch die Wölfin. Beobachtungen im Yellowstone-Nationalpark haben gezeigt, dass es in der Regel eine Wölfin ist, die ein neues Territorium besetzt, nachdem sie im Alter von etwa eineinhalb Jahren ihre Familie verlassen hat (9). In ihrem neuen Reich wartet sie auf einen passenden, umherstreifenden Rüden. Wenn sich zwei einzelne Wölfe unterschiedlichen Geschlechts begegnen, wird aus ihnen jedoch nicht grundsätzlich ein Paar. Anscheinend muss auch Zuneigung mit im Spiel sein.

In dem von ihr gewählten Territorium sucht sich die Wölfin dann den besten Platz aus, um ihre Welpen zur Welt zu bringen. Häufig gräbt sie sich ein Versteck im Sand, aber es kann auch ein sehr einfaches Versteck unter den Wurzeln eines umgefallenen Baums sein. Die Wahl des Verstecks ist eine äußerst wichtige Aufgabe, denn es muss an einem Ort eingerichtet werden, an dem die Welpen sicher vor anderen Raubtieren sind. Es darf sich nicht in der Nähe einer Bärenhöhle, unterhalb eines Adlernests oder im Territorium eines Pumas befinden, und es muss so sicher sein, dass große Raubtiere nicht eindringen können. Außerdem muss es so gelegen sein, dass die Welpen nicht in Regen- oder Schmelzwasser ertrinken könnten.

Die Verantwortung für das Überleben der Welpen in den ersten Wochen trägt die Mutter. Sie muss bei guter Gesundheit sein und ihnen alles geben, was sie brauchen, um bestmöglich zu gedeihen. Sollte die Mutter sterben, besteht jedoch die Chance, dass eine andere erwachsene Wölfin aus dem Rudel ihre Rolle übernimmt. Das funktioniert dank eines als Scheinschwangerschaft bezeichneten Phänomens. Erwachsene Wölfinnen verhalten sich dann, als wären sie schwanger. Sie produzieren das Hormon Progesteron und schließlich auch Milch. Vielleicht hat die Natur das so eingerichtet, um das Überleben der Welpen zu sichern.

Auch bei der Jagd scheint die Wölfin am meisten Initiative zu ergreifen. Sie wählt die Beute aus und sie startet auch den Angriff. Das Zusammenspiel der Wölfe bei der Jagd ist äußerst ausgeklügelt und beinhaltet viel Augenkontakt und zahlreiche Änderungen der Taktik, abhängig vom Verhalten der Beute.

So weit also die aktuelle Sicht der Dinge. Zwischen den wild lebenden Wolfsrudeln gibt es hinsichtlich der Rollenverteilung jedoch Unterschiede. Wissen ist vergänglich, und es gibt immer wieder neue Dinge zu lernen.

Hundewelpen lernen viel von ihrer Mutter, unter anderem, indem sie ihr Verhalten nachahmen.

Die Vorbildrolle

Wir haben bereits über die Rolle des Menschen als Hundebesitzer, Anführer und Elternteil gesprochen. Die meisten von uns haben auch versucht, diese Rollen bestmöglich auszufüllen und ein guter Hundebesitzer, ein guter Anführer und ein guter Elternteil zu sein.

Wie schon erwähnt, wurde die Rolle des Anführers in den vergangenen Jahren zu wichtig genommen. Nun scheint es so, als würde unsere Rolle als Elternteil des Hundes stärker in den Fokus rücken. Die Bedeutung einer weiteren Rolle wird jedoch mit zunehmender Zahl zur Verfügung stehender Forschungserkenntnisse immer offensichtlicher: unsere Rolle als Vorbild.

DER EINFLUSS DER HUNDEMUTTER

Wir wissen seit Langem, dass Hundewelpen nach ihrer Mutter geraten. Der Vater ist oft nicht einmal anwesend. Wäre er von Anfang an verfügbar, würden die Welpen ebenso nach ihm oder nach einer anderen „Vaterfigur" geraten. Man schätzt, dass Welpen etwa 30 Prozent von dem, was sie wissen und können, von ihrer Mutter lernen. Sie hat also einen ziemlich großen Einfluss.

Wir wissen auch, dass Hunde in der Lage sind, das Verhalten anderer Hunde nachzuahmen. Wenn ein Schäfer beispielsweise einen jungen Hund trainieren möchte, nimmt er einen älteren, gut ausgebildeten Hütehund dazu, der dem jüngeren zeigt, wie die Arbeit an den Schafen funktioniert. Viele Jäger gehen bei der Ausbildung junger Jagdhunde genauso vor.

EINFACH ARTGERECHT

LERNEN DURCH ABSCHAUEN

Früher wurde allgemein angenommen, dass erwachsene Hunde nicht in der Lage sind zu lernen, indem sie andere Hunde lediglich beobachten. Man ging davon aus, dass das nur Welpen können. Dem ungarischen Verhaltensforscher Ádám Miklósi gelang es jedoch zu beweisen, dass Hunde das Verhalten eines anderen Hundes oder eines Menschen genau beobachten und anschließend nachahmen können (27). Beispielsweise sah ein Hund einem anderen zu, als dieser gerade herausfand, wie er ein Leckerchen aus einer geschlossenen Box herausbekommen konnte. Dadurch, dass der zweite Hund zugeschaut hatte, konnte er dasselbe Problem anschließend schneller lösen.

Wölfe sind anscheinend nicht so gut darin, komplexe Aufgaben zu lernen, wie Hunde. Diese Fähigkeit scheint bei Hunden wohl einzigartig zu sein, vielleicht aufgrund der Jahrtausende währenden Domestikation. Wir wissen jedoch, dass die Elterntiere im Wolfsrudel ihren Jungen eine Menge beibringen, indem sie es ihnen einfach vormachen;

Wenn wir mit unserem Hund immer freundlich und liebevoll umgehen, wird er auch selbst eine gute Sozialkompetenz entwickeln.

nicht nur, wenn es um die Jagd und ums Überleben geht, sondern auch im Hinblick auf das richtige Sozialverhalten.

Das zeigt noch einmal deutlich, dass diejenigen falsch liegen, die weiterhin behaupten, dass Wolfsmütter ihre Jungen mit dominanten Verhaltensweisen wie Knurren und Beißen erziehen. Menschen sind die einzigen Lebewesen, die bei der Erziehung ihres Nachwuchses autoritär vorgehen.

WIE DIE MUTTER, SO DIE TOCHTER

Hündinnen, die nicht bei einer geduldigen und fürsorglichen Mutter aufgewachsen sind, werden oft auch selbst keine guten Mütter. Wenn eine Hündin krank und daher übellaunig und mit ihren Welpen ungeduldig ist, können diese Verhaltensauffälligkeiten entwickeln. Sie werden sich ihren eigenen Welpen gegenüber dann möglicherweise ebenfalls ungeduldig zeigen (24).

Dasselbe passiert höchstwahrscheinlich auch oft in Familien, in denen sich die Hundebesitzer ihren Hündinnen gegenüber autoritär, streng, hart und dominant verhalten, etwa indem sie sie bestrafen und grob mit ihnen umgehen. Es besteht das Risiko, dass diese Hündinnen ihre Welpen so behandeln, wie sie von ihren Besitzern behandelt werden.

Hundemütter sind äußerst nett. Überlegen Sie mal, was passieren würde, wenn das nicht so wäre und sie ihre Welpen einschränken, anknurren und kontrollieren würden. Das Ergebnis wären passive Welpen, die ständig Angst hätten, etwas falsch zu machen. Sie würden mit wenig Selbstvertrauen aufwachsen. Würden sie in der Wildnis leben, wären sie beispielsweise schlechte Jäger. Sie würden es nicht wagen, große Beutetiere anzugreifen, und sie würden insgesamt so schlecht mit ihrem Leben zurechtkommen, dass ihre geringeren Überlebenschancen eine Bedrohung für die gesamte Gruppe wären.

SEIEN SIE EIN GUTES VORBILD!

Wolfseltern sind perfekte Vorbilder, und ihre Welpen geraten nach ihnen. Weil die soziale Interaktion innerhalb der Familie freundlich und harmonisch verläuft, lernen die Welpen, freundlich und kooperativ zu sein und Konflikte zu vermeiden. Sie lernen sozial kompetentes Verhalten, indem sie ihre Eltern und älteren Geschwister nachahmen. Und selbstverständlich lernen jüngere Rudelmitglieder das Jagen von den älteren.

Wie wir mit unserem Hund während seiner Welpenzeit interagieren und mit ihm umgehen, ist äußerst wichtig. Neue Forschungserkenntnisse beweisen jedoch, dass unsere Vorbildfunktion auch nach dem Welpenalter von größerer Bedeutung ist, als bisher angenommen wurde. Der Hund ahmt unser Sozialverhalten nach. Ein freundlicher Mensch wird auch einen freundlichen Hund haben.

Viele Hundeexperten glauben, dass Hunde schwierig werden, wenn man nicht streng mit ihnen umgeht und sie nicht „in ihre Schranken weist". Das ist falsch! Verwöhnen Sie Ihren Hund ruhig und behandeln Sie ihn freundlich. Dadurch wird er nicht etwa aggressiv, sondern nett. Aggression resultiert

Positive Trainingsmethoden wie das Clickertraining sind erwiesenermaßen ein guter Weg bei der Hundeerziehung. (Foto: Maurer)

nicht daraus, dass Sie freundlich zu Ihrem Hund sind. Sie entsteht, wenn Sie zu streng sind und ihn zu oft maßregeln. Es bestehen nachgewiesenermaßen Verbindungen zwischen autoritärer Erziehung und Verhaltensproblemen – das gilt für Hunde und Kinder gleichermaßen (5).

Wenn ein Welpe knurrt und die Zähne zeigt, weil Sie seiner Futterschüssel zu nah kommen, sollten Sie darauf nicht ärgerlich reagieren. Der Hund würde dann nur lernen, sich aggressiv zu verhalten und alles zu schützen, was ihm gehört. Machen Sie hingegen kein Aufhebens darum, lernt der Welpe, freundlich zu sein und Dinge nicht zu verteidigen.

Wir sind vom ersten Tag an ein Vorbild für unseren Hund. Wenn wir uns dessen bewusst sind, wird unser Hund eine gute Sozialkompetenz entwickeln.

Die „Softies" gewinnen!

Zwischen den Befürwortern von modernen Methoden und sanftem Training und den konservativer eingestellten Leuten scheint ständig Krieg zu herrschen. Letztere behaupten, dass die alten, härteren Methoden, die man häufig im Fernsehen sieht, die besten sind. Diese Leute bezeichnen sich selbst nicht als hart. Sie möchten, dass man ihren Ansatz als „natürlich" versteht. Sie verhalten sich Hunden gegenüber so, wie sie glauben, dass sich wild lebende Kaniden einander gegenüber verhalten.

Heute gibt es jedoch reichlich überzeugende wissenschaftliche Beweise dafür, dass die Befürworter der modernen, sanften Methoden richtig liegen. Überzeugend sind sie deshalb, weil sie auf modernen Erkenntnissen aus Disziplinen wie der Verhaltensforschung, der Psychologie und der Medizin beruhen.

VERHALTENSFORSCHUNG

Beobachten wir Hundemütter, stellen wir fest, dass sie sich ihren Welpen gegenüber kaum dominant zeigen. Eine Studie, die ergab, dass Hundemütter auch ziemlich grob mit ihren Welpen umgehen können, wurde an Hündinnen in Zwingern durchgeführt, die sich nicht von ihrem Nachwuchs zurückziehen konnten (37). Andere Studien, die sowohl wilde Kaniden als auch Haushunde mit einbezogen, zeigten, dass die Mütter sich ihren Kleinen gegenüber sehr fürsorglich und geduldig verhalten, und das mindestens, bis diese neun bis zehn Wochen alt sind (13). Abgesehen von Ausnahmefällen konnten Verhaltensforscher häufig auch nach dieser Zeit keine Zeichen von Dominanz feststellen und auch keine Versuche, die Welpen zu maßregeln. Weibliche Kaniden, die ihre Welpen anknurren oder sogar beißen, sind im Allgemeinen krank und haben Schmerzen. Doch die meisten Mütter gehen nicht mal dann grob mit ihren Kleinen um, wenn sie unter Schmerzen leiden.

Der Wolf ist der engste Verwandte des Hundes, und heute liegen uns zahlreiche Studien und Beobachtungen über ihr Sozialverhalten vor. Was Adolph Murie herausfand, als er in den 1940er-Jahren einem wild

Hunde kooperieren gern mit uns Menschen. Wir müssen sie dazu nicht zwingen.

lebenden Wolfsrudel folgte, besitzt nach wie vor Gültigkeit. Wölfe leben in einem engen Familienverband mit liebevollen Beziehungen und sehr wenig Aggression. Wenn es zu Kämpfen kommt, sind häufig fehlende Ressourcen wie Nahrung oder Sexualpartner der Grund.

Wie schon erwähnt, konnten Biologen und Verhaltensforscher mittlerweile nachweisen, dass es entgegen weitverbreiteten Ansichten bei Wölfen keine Machthierarchie in dem Sinn gibt, dass die „Oberen" über die „Unteren" herrschen. Vielmehr schauen die jüngeren Wölfe zu den älteren auf. Sie zeigen mit zahlreichen Handlungen und körpersprachlichen Signalen das, was wir als „aktive Unterwerfung" bezeichnen. All diese Verhaltensweisen drücken Freude und Anerkennung aus. Unsere Hunde zeigen dieselben Rituale, wenn sie uns hüpfend und freudig „tanzend" zu Hause begrüßen.

Für Hunde als mit den Wölfen verwandte Art ist Einigkeit sehr wichtig. Schließlich würde in einem Wolfsrudel, in dem es zu viel Ärger gibt, das Überleben aller auf dem Spiel stehen. Die Tiere zeigen also verschiedenste Verhaltensweisen, die die Zusammengehörigkeit in der Gruppe stärken, etwa Spiel, Fellpflege und Körperkontakt. Die Zähne werden prinzipiell niemals gegen ein Familienmitglied eingesetzt, aber es gibt einige körpersprachliche Signale, die in Konfliktsituationen Warnungen oder Drohungen ausdrücken. Die instinktive Beißhemmung, die wir bei jungen Tieren beobachten, ist sehr stark ausgeprägt.

Es gibt jedoch Vorfälle mit Hunden, bei denen diese Beißhemmung nicht funktioniert hat und bei denen in der Folge Hunde oder Menschen schwer verletzt wurden. Diese Vorfälle lassen sich jedoch häufig durch starke Inzucht, vor allem bei beliebten Rassen, erklären. Oder es handelte sich um kranke, unter Schmerzen leidende Hunde oder solche, die in einem stressigen und für sie ungeeigneten Umfeld lebten.

Anders ausgedrückt müssen wir anerkennen, dass Hunde friedlich, kooperativ und anpassungsfähig sind. Autoritäre Strenge, auf Strafe basierendes Training und „Anführerschaft" passen nicht zur Persönlichkeit eines Hundes. Ganz im Gegenteil möchte der Hund gern lernen und mit uns zusammenarbeiten, weil das in seiner Natur liegt. Wir müssen ihn dazu nicht disziplinieren.

PSYCHOLOGIE

Das, was viele als „Dominanzproblem" bezeichnen –, in dem Sinn, dass wir zu nachgiebig mit unseren Hunden sind – ist in Wahrheit ein Problem, das mit Lernen und Training zu tun hat. Wenn Ihr Hund beispielsweise einem Jogger nachjagt, hat das nichts damit zu tun, dass Sie ein schlechter „Anführer" sind. Sie haben ihm einfach nur das richtige Verhalten in dieser Situation nicht beigebracht. Was der Hund getan hat, hängt nicht damit zusammen, ob Sie streng zu ihm waren oder nicht. Der Hund folgt lediglich seinem natürlichen Jagdinstinkt, der ihn veranlasst, allem hinterherzurennen, was sich schnell bewegt.

Eine häufige Irrmeinung ist, dass man ein Verhalten durch Bestrafung abstellen kann.

Zahllose Studien zeigen, dass das nicht funktioniert. Bestrafungen können ein bestimmtes Verhalten kurzfristig beenden, aber sie haben keinen Einfluss darauf, was der Hund tun möchte. Es wird nicht lange dauern, bis der Hund das unerwünschte Verhalten wieder zeigt. Wenn ein Verhalten nicht mehr gezeigt werden soll, gelingt das, indem man systematisch und auf Basis positiver Verstärkung ein Alternativverhalten trainiert. Anschließend tritt das Problem selten erneut auf.

Jedes Mal, wenn Sie Ihren Hund bestrafen, hat das unerwartete und unerwünschte Auswirkungen. Bestrafungen schädigen Ihre Beziehung zu Ihrem Hund und können dazu führen, dass der Hund Angst vor Ihnen hat. Sie beeinträchtigen auch die allgemeine Kommunikationsfähigkeit des Hundes. Und vor allem machen zu viele Konflikte, Korrekturen und Bestrafungen den Hund passiv. Außerdem muss darauf hingewiesen werden, dass Hunde, die Bestrafungen erlitten haben, häufiger Problemverhalten entwickeln – darunter auch aggressives Verhalten gegenüber anderen Hunden oder Menschen.

Forschungsergebnisse aus der Psychologie stützen grundsätzlich den Ansatz der „Softies". Diejenigen, die ihre Hunde kontrollieren, korrigieren, bestrafen und autoritär behandeln, können sich nicht auf wissenschaftliche Beweise berufen.

MEDIZIN

Nur wenigen Menschen ist klar, dass autoritäres Training bei Hunden auch gesundheitliche Probleme nach sich ziehen kann.

Hunde sollten Eigentinitative ergreifen und beispielsweise darauf aufmerksam machen dürfen, dass sie hungrig sind.

Tatsache ist, dass es diese Probleme gibt und dass sie für kurze oder auch längere Zeit bestehen können. Allein die Verwendung eines Würgehalsbands und der falsche Umgang mit der Leine können gefährlich sein und zu ernsten Schäden führen (30, 34). Die Verletzungen können so schwer sein, dass mittlerweile empfohlen wird, Hunde im Geschirr statt am Halsband zu führen.

Während unangenehmer Erfahrungen steigt der Spiegel des Stresshormons Cortisol im Blut. Einzelne negative Erfahrungen verblassen mit der Zeit, aber wenn sich mit Unterdrückung, Unwohlsein und Angst verbundene Erlebnisse wiederholen, bleibt der Cortisolspiegel deutlich länger erhöht. In einer Studie aus den Niederlanden wurde festgestellt, dass der Cortisolspiegel noch mehrere Monate lang nicht sank, nachdem der Gebrauch eines Elektrohalsbands beendet worden war (32).

Cortisol beeinflusst das Verdauungssystem und das Herz. Sogar das Immunsystem ist betroffen. Das bedeutet, dass Hunde mit einem hohen Cortisolspiegel im Blut anfälliger für Krankheiten sind.

Die Befürworter „harter" Trainingsmethoden machen oftmals nicht so viel mit ihren Hunden wie Menschen, die „weiche" Trainingsmethoden bevorzugen. Die Hunde werden häufig in Zwingern gehalten, wo es wenig Stimulation gibt und sie sich nicht viel bewegen können. Beschäftigung gehört zu den Dingen, die zur Gesunderhaltung von Hunden beitragen. Zu wenig Beschäftigung erhöht also das Erkrankungsrisiko.

GEHORSAM UND TRAINING

Hunde unterscheiden sich oft deutlich in ihrem Verhalten, je nachdem, wie viel Gehorsamstraining mit ihnen gemacht wurde. Es muss an dieser Stelle noch mal betont werden: Je mehr ein Hund bestraft, korrigiert und kontrolliert wird, desto höher ist das Risiko, dass er ein Problemverhalten entwickelt.

Leider können die Auswirkungen sogar noch schlimmer sein. Wird ein Hund ständig korrigiert, wird er irgendwann aufhören, die Initiative zu ergreifen. Er hat Angst davor, dass er ausgeschimpft wird und ihm befohlen wird, sich ruhig und brav zu verhalten. Der Hund wird regelrecht abhängig von seinem Halter, was für jeden ein Problem darstellt, der versucht, ihn für eine Aufgabe zu trainieren, bei der er eigenständig handeln muss. Zufriedene Hunde ergreifen hingegen die Initiative. Sie rütteln beispielsweise an ihrer Futterschüssel, wenn sie mehr Futter möchten, oder sie bellen ein wenig, um ihrem Besitzer mitzuteilen, dass sie rausgehen oder spielen wollen.

Es ist bekannt, dass unsere Gedanken und unsere Fähigkeit, die Initiative zu ergreifen, die Kapazitäten unseres Gehirns für intelligente Aktivität erhöhen. Dasselbe gilt auch für unsere Hunde. Ein mit autoritären Mitteln trainierter Hund hat keine Gelegenheit, Stimulation für seine Gehirnleistung zu erfahren. Wenn er älter wird, büßt er stattdessen eher Gehirnfunktionen ein. Solche Hunde haben eine kürzere Lebenserwartung als diejenigen, die aktiv sein und die Initiative ergreifen dürfen. Sie verhalten sich passiv und trauen sich nicht, irgendetwas von sich aus zu tun. Sie sind darauf angewiesen, dass ihr Besitzer eine Aktivität startet. Bis das schließlich geschieht, ruhen und warten sie. In der Regel ruhen solche Hunde deshalb 22 Stunden am Tag. Und wenn dann endlich etwas passiert, hat sich in ihnen so viel Energie aufgestaut, dass sie überreagieren. Das wiederum verärgert den Besitzer, der seinen Hund dafür noch mehr bestraft. Es ist ein trauriger Teufelskreis, aus dem der Hund niemals zufrieden hervorgehen wird.

UMGANG MIT PROBLEMVERHALTEN

Problemverhalten lässt sich nicht durch Bestrafen des Hundes abstellen (auch wenn das im Fernsehen häufig so dargestellt wird)! Wenn es eine starke Motivation für dieses Verhalten gibt, etwa ein verlockendes Steak auf dem Tisch, dann kann diese Motivation (sich das Steak zu schnappen) durch Bestrafung allenfalls kurzzeitig gemindert werden.

Probleme lassen sich nicht innerhalb eines Tages oder einer Stunde lösen. Die schnellen, auf Bestrafung basierenden Lösungsmethoden mögen gut für die Erfolgsstatistik eines Trainers sein, aber die Hunde sind nur kurzfristig „geheilt". Außerdem riskiert man mit groben Methoden wie dem Einsatz von Würgehalsbändern, Tritten oder anderen Formen von Gewalt das Auftreten weiterer problematischer Verhaltensweisen.

Die Wahrheit ist, dass sich dauerhafte Ergebnisse erzielen lassen, ohne einem Hund Schmerzen zuzufügen, ihn zu unterdrücken oder zu verängstigen. Das gelingt, indem man die Gründe für das Problemverhalten analysiert und darauf aufbauend ein geeignetes Trainingsprogramm auf Basis positiver Verstärkung entwickelt.

Leckerchen oder nicht?

Aus irgendeinem Grund wird das Thema Leckerchen beim Hundetraining kontrovers diskutiert. Einige sind gegen den Einsatz von Leckerchen, während andere ihn großartig finden. Die Leckerchengegner sprechen von Bestechung, die Leckerchenbefürworter von Belohnung. Andere tendieren mal zur einen, mal zur anderen Seite, je nach aktuell vorherrschender Meinung.

Die Gegner argumentieren: „Man sollte einen Hund nicht zum Gehorsam bestechen. Er soll auf mich hören, weil ich das sage – fertig!" Die Befürworter von Leckerchen im Training sagen: „Was soll das? Natürlich sollte ein Hund belohnt werden, wenn er seine Sache gut gemacht hat!"

Mal wieder gibt die Psychologie den Menschen recht, die Leckerchen beim Hundetraining verwenden. Für Hunde, die Leckerchen mögen, sind diese eine effektive Belohnung. Die meisten Hunde mögen Leckerchen, allerdings gibt es auch zahlreiche extrem maskuline Rüden, die sich über Futter nur schwer motivieren lassen.

Jedenfalls geht es nicht darum, den Hund zu „verwöhnen" oder zu „bestechen", sondern darum, ihn „für seine Arbeit zu bezahlen", das bedeutet, ihm etwas beizubringen, indem man jeden seiner Fortschritte belohnt.

Ein motivierter Hund fühlt sich während des Trainings wohl und wird selbstverständlich schneller und besser lernen. Leckerchen tragen viel zum Trainingserfolg bei, und es ist traurig, dass nicht alle Hunde die Chance haben, auf diese Weise zu lernen.

LERNEN UND LEISTUNG

Wir müssen zwischen Lernen und dem Erbringen von Leistung unterscheiden. Während der Lernphase ist es wichtig, dass der Hund mit Ermutigungen und Belohnungen

Jagdspiele mit dem Lieblingsspielzeug können beim Training eine tolle Motivation sein.

unterstützt wird. Anfangs weiß der Hund nicht, was wir von ihm erwarten. Leckerchen sind in dieser Phase ideal, weil sie die Konzentration und Motivation des Hundes erhalten und dazu beitragen, dass er zufrieden, freiwillig und schnell lernt.

Wenn der Hund die Aufgabe gelernt hat, sind Leckerchen nicht mehr so wichtig, aber belohnt werden sollte er für seine Leistung dennoch. Wer möchte schon ohne Bezahlung arbeiten? Er muss nun allerdings nicht mehr jedes Mal ein Leckerchen bekommen.

Manchmal kann man es auch durch Lob mit der Stimme ersetzen oder dadurch, dass der Hund mit einem Spielzeug spielen darf.

MOTIVATION IST WICHTIG

Damit ein Hund Leistung erbringen kann, muss er motiviert sein. Häufig reicht es, ihn zu loben, aber nicht alle Menschen sind in der Lage, ihre Stimme tatsächlich entsprechend ermutigend klingen zu lassen. Daher ist es günstig, wenn wir uns einer Reihe von Hilfsmitteln bedienen, um die Motivation aufrechtzuerhalten. Eine weitere mögliche Form der Ermutigung wäre, den Hund zu streicheln, aber bei den meisten Hunden scheint sich das nicht so positiv auszuwirken wie Leckerchen und eine lobende Stimme.

Erwünschte Reaktionen im Training sofort mit Spiel zu belohnen ist ebenfalls eine Möglichkeit zum Erhalt der Motivation. Geeignet sind beispielsweise Jagdspiele, bei denen der Hund einem geworfenen Ball nachlaufen darf, oder Zerrspiele mit einem Tuch oder einem Seil. Allerdings geraten Hunde bei solchen Aktivitäten leicht in Stress und verlieren die Konzentration. Sie sollten also nur kurze Zeit andauern.

Es muss außerdem darauf hingewiesen werden, dass Spielen während der frühen Lernphasen nicht immer günstig ist, je nachdem, was der Hund lernen soll. Der durch das Spiel erhöhte Stresshormonspiegel kann Teile des Gehirns blockieren, die zum Lernen benötigt werden. Durch die verschlechterte Konzentrationsfähigkeit kann auch das Lernvermögen des Hundes beeinträchtigt werden.

AUFMERKSAMKEIT ABLENKEN

Ein Grund für die Kritik am Gebrauch von Leckerchen mag die Art und Weise sein, wie sie eingesetzt werden, wenn man einen Hund davon abhalten möchte, auf etwas zu reagieren. Ich meine damit Übungen, bei denen der Hund lernen soll, ein bestimmtes Verhalten nicht zu zeigen, etwa andere Hunde nicht zu attackieren. In diesem Fall würde das Leckerchen verwendet, um die Aufmerksamkeit des Hundes von seinem Artgenossen abzulenken.

Das ist kein Lernprozess. Der Hund erhält das Leckerchen nicht als Belohnung für etwas, das er gut gemacht hat. Es dient lediglich dazu, seine Aufmerksamkeit umzulenken. Wenn man das über einen längeren Zeitraum hinweg tut, kann man damit sogar etwas erreichen, aber in der Regel dauert das viel länger, als wenn man den Hund für richtiges Verhalten belohnt.

Am effektivsten ist es, einen größeren Abstand zu dem anderen Hund zu halten, und, während man an diesem vorbeigeht, aufmunternd mit dem eigenen Hund zu sprechen. Genau dann, wenn man den anderen Hund passiert hat, erhält der eigene Hund die Belohnung. Wer jetzt behauptet, dass das nicht funktioniert, hat den Abstand noch zu klein gewählt. Wenn allerdings auch ein weiteres Vergrößern des Abstands keinen Erfolg bringt und der Hund seinen Artgenossen immer noch attackieren möchte, ist es an der Zeit, den Rat eines Hundepsychologen einzuholen.

KLEINE LECKERCHEN REICHEN AUS

Ein häufiger Fehler ist die Verwendung zu großer Leckerchen. Viele glauben, dass die Belohnung umso größer ist, je größer das Leckerchen gewählt wird. Aber es ist genau andersherum. Je kleiner das Leckerchen, desto größer die Belohnung. Ein Grund dafür, dass Hunde sich anscheinend mehr über kleine Leckerchen freuen, ist, dass sie das Hungergefühl nicht so stark dämpfen. Der Hund muss sich außerdem ein bisschen mehr konzentrieren, um das Leckerchen zu schnappen.

Aber wie klein ist klein? Ich meine damit etwa drei bis vier Millimeter große Leckerchen. Für große Hunde sollten sie vielleicht ein bisschen größer sein.

Leckerchen aus dem Handel funktionieren selten gut. Sie schmecken nicht gut genug, lassen sich zu schwer kauen oder sind zu groß. Wenn Ihr Hund aber ein Lieblingsleckerchen hat, müssen Sie das natürlich nicht austauschen. Ansonsten empfehle ich, dass Sie die Leckerchen selbst herstellen. Sie können frische Rinderleber in Wasser kochen, bis sie durch ist. Lassen Sie sie dann auskühlen und schneiden Sie sie in kleine Stücke. Diese rösten Sie im Ofen bei 100 Grad Celsius, bis ihre Oberfläche trocken ist – nicht aber das Innere. Die abgekühlten Stücke können Sie in Plastiktütchen einfrieren. Von da an haben Sie immer tolle Leckerchen parat, für die Ihr Hund seinen Stammbaum eintauschen würde.

TRAINING MUSS SEIN, ABER ...

Hunde sollten in der Lage sein, gut mit Menschen zurechtzukommen – sowohl mit Erwachsenen als auch mit Kindern. Sie sollten ebenso gut mit Hunden und anderen Tieren zurechtkommen können. Und sie sollten weder bellen noch andere belästigen. Selbstverständlich müssen wir unseren Hunden also einiges beibringen, damit sie sich gut in unsere komplexe Gesellschaft eingliedern. Die Kehrseite der Medaille ist aber, dass Training auch Nachteile hat. Diesen wurde bisher wenig Beachtung geschenkt, obwohl die Auswirkungen auf Hunde erheblich sind. Hier werde ich daher auch auf die negativen Seiten des Trainings eingehen.

Für manche Leute ist Hundetraining ganz einfach: Sie halten nichts von Nachsicht, sondern glauben, dass man bereits einem Welpen zeigen muss, „wer der Chef ist". Traurigerweise sind bei ihnen grobe Trainingsmethoden, Bestrafungen und Anschreien des Hundes nicht die Ausnahme, sondern die Regel.

Andere probieren es mit einem vorsichtigeren und positiveren Ansatz. Sie versuchen, ein Gleichgewicht zwischen Lob und Strafe zu finden. Aber auch sie denken, dass es am wichtigsten ist, den Hund in allen Situationen absolut unter Kontrolle zu haben.

(Foto: Maurer)

Und schließlich gibt es noch diejenigen, die nicht das Gefühl haben, dass ihr eigenes „Ansehen" in Gefahr ist, wenn der Hund nicht sofort gehorcht. Wenn solche Leute beispielsweise „Hier!" rufen und der Hund reagiert nicht, weil er mit etwas Interessantem beschäftigt ist, machen sie kein großes Aufhebens darum. Bei ihnen darf der Hund auch einen eigenen Willen haben.

Das Für und Wider des Hundetrainings

Kaum jemand hat beim Hundetraining wirklich hinter die Kulissen geschaut. Kritik wird in der Regel an den Hunden geübt und man hört Aussagen wie „Es ist schwierig, Hunde zu trainieren" oder „Diese Rasse ist einfach zu selbstständig". Häufig werden auch die Hundebesitzer kritisiert, mit Sätzen wie „Er kann mit Hunden überhaupt nicht umgehen" oder „Sie verwöhnt ihren Hund zu sehr". Auch für Trainer gibt es gelegentlich Kritik wie „Er ist viel zu grob" oder „Sie hat die Leute im Kurs nicht im Griff".

Die Trainingsmethoden selbst werden jedoch sehr selten hinterfragt. Es scheint so, als wäre die Art und Weise, wie Hunde trainiert werden, über jeden Zweifel erhaben. Vielleicht liegt das daran, dass es so schwierig ist, alternative Methoden zu finden. Wo immer man hinsieht, scheint beispielsweise eine Leine ein notwendiges Trainingsmittel zu sein. Ich kann jedoch seit mittlerweile vielen Jahren zeigen, dass man Hunde ganz leicht ohne Leine trainieren kann.

Die Vorteile von Hundetraining liegen auf der Hand. Würden wir Hunden nicht beibringen, unsere gesellschaftlichen Regeln einzuhalten, wäre die Kritik an der Hundehaltung so massiv, dass wir Hunde wohl gar nicht als Haustiere halten dürften. Andererseits würden Hunde jedoch, entgegen der weitverbreiteten Meinung, ohne Training und einen „Anführer" nicht aggressiver werden – auch wenn sie ganz sicher das tun würden, was ihnen gefällt. Ohne Training hätten wir wahrscheinlich ungehorsame, aber sehr zufriedene Hunde.

Hundetraining hat aber auch Nachteile, egal, ob selbstständig, im Rahmen von Kursen oder privat bei einem Hundetrainer trainiert wird. Es führt immer dazu, dass wir zunehmend Kontrolle über den Hund erlangen, wodurch er unweigerlich an Kontrolle über sein eigenes Leben verliert. Außerdem wird der Hund passiver, was leider oft auch das Ziel ist. Viele wollen einfach nur einen ruhigen und gehorsamen Hund.

WAS BEDEUTET KONTROLLE?

Eine der wichtigsten Voraussetzungen für mentale und körperliche Gesundheit ist das Gefühl, die eigene Lebenssituation kontrollieren zu können. Das gilt sowohl für Menschen als auch für Tiere.

Kleine Kinder können sehr wenig über ihre Lebenssituation entscheiden. Ihr Verhalten wird von den Erwachsenen bestimmt. Ältere Kinder und Teenager streben danach, in einer Welt voller Anforderungen und Konflikte die Kontrolle zu erlangen. Das gilt in Bezug auf die meisten sozialen Umfelder: Familie, Schule,

Freundeskreise, Behörden und alle anderen Instanzen, die zeitweise oder permanent das Verhalten eines Individuums einschränken. Deshalb ist es auch so förderlich für Kinder, mit Tieren aufzuwachsen. Sie haben jemanden, um den sie sich kümmern können, und sie lernen, Verantwortung zu übernehmen.

Die meisten Erwachsenen haben Kontrolle und übernehmen Kontrolle. Das gehört zu unseren Lebensaufgaben und wir sind in der Regel auch darauf vorbereitet. Wir nennen das Verantwortung. Erwachsene, denen die Kontrolle entgleitet, bekommen oft psychische Probleme wie Aggression, Reizbarkeit, Depression und Angststörungen.

Die Möglichkeiten, das eigene Leben zu kontrollieren, verringern sich bei Menschen mit zunehmendem Alter, während ihre Abhängigkeit von der Hilfe anderer zunimmt. Mit älteren Menschen, die alles akzeptieren und keinen eigenen Willen äußern, hat es das Pflegepersonal am einfachsten. Wer protestiert und mehr Aufmerksamkeit fordert, wird häufig entmutigt. Vielleicht ist das der Grund, warum Apathie und Depression bei älteren Menschen so häufig auftreten.

Damit ein Hund in unserem Alltag zurechtkommt, ist ein gewisses Maß an Training nötig.

Wenn man Menschen jedoch das Gefühl gibt, dass sie ihr Leben kontrollieren können, verbessert sich ihre Lebensqualität deutlich. So gibt es unterschiedliche Lehrmethoden in Schulen, etwa die Montessori-Methode, durch die Kinder aktiver und motivierter werden und mehr Selbstvertrauen bekommen. Unternehmen, die ihren Angestellten am Arbeitsplatz mehr Einflussmöglichkeiten geben, verzeichnen weniger Fehltage. Und wenn ältere Menschen in die Entscheidungen über die Abläufe im Seniorenheim miteinbezogen werden, erhöht das sowohl ihre Lebensqualität als auch ihre Lebenserwartung.

Hunde lassen sich sehr leicht kontrollieren … leider. Die Synchronisierung von Verhaltensweisen, die man bei in Gruppen lebenden Tieren beobachten kann, ist bei Hunden besonders ausgeprägt. Häufig sind es die jüngeren Tiere, die sich an die älteren anpassen. Ruhen die älteren, ruhen auch die jüngeren. Bei wild lebenden Tieren nennt man das „strukturierte Passivität", und diese ist nicht die Folge mangelnder Stimulation. Bei Haushunden führt dieses Verhalten jedoch dazu, dass sie unnatürlich viel Zeit pro Tag ruhend verbringen. Das erklärt, warum erwachsene Hunde den ganzen Tag lang ruhen können, wenn wir sie nicht aktivieren. Das ist auch der Grund, warum Hunde sich über jede Aktivität so sehr freuen, was es uns leicht macht, ihre Aktivitäten zu kontrollieren. Wir initiieren Spiele, Spaziergänge und alles andere – wir haben alles unter Kontrolle.

Wir Menschen haben ein großes Kontrollbedürfnis, und ein Instrument, um dieses zu befriedigen, sind Trainingskurse für Hunde. Modernes Hundetraining folgt in erster Linie einem positiven Ansatz und basiert auf Belohnung, aber das Ziel ist dennoch, mehr Kontrolle zu erlangen. Selbst wenn wir den Hund während des Trainings ständig loben, übernehmen wir doch die Kontrolle. Es ist dann schwierig für den Hund, Eigeninitiative zu ergreifen, und er verliert seine Fähigkeit, Situationen selbst zu beeinflussen.

TRAINING MACHT PASSIV

Das Ziel des Hundetrainings ist heute leider, die Energie eines Welpen oder jungen Hundes zu unterdrücken. Das wird auch in Zeitschriftenartikeln, Fernsehsendungen und Büchern immer wieder hervorgehoben.

Zweck des Gehorsamkeitstrainings ist also in Wahrheit, den Hund passiv zu machen. Bei den meisten Übungen geht es darum, dass der Hund etwas nicht darf. Das Ziel ist, unerwünschtes Verhalten zu unterbrechen: Der Hund soll nicht an der Leine ziehen, keine Menschen anspringen, nicht bellen und nicht mit anderen Hunden in der Gruppe spielen.

Die Zielsetzung der Hundebesitzer spielt auch eine Rolle. Sie wünschen sich in der Regel einen „ruhigen Hund", der aufs Wort gehorcht und sich wie ein „guter Hund" benimmt. Sie möchten das mit geringstmöglichem Aufwand erreichen, was bedeutet, dass der Trainer unter Druck steht, so schnell es nur geht Erfolge zu erzielen. Das wiederum verleitet zu gröberen Trainingsmethoden und Abkürzungen des Trainingswegs, sogenannte „Sofortlösungen". Traditionelles Training macht Hunde schnell passiv.

Gerade junge Hunde stecken voller Energie, die durch Training leider oft zu stark gebremst wird.

wird ihm oft befohlen, sich ruhig zu verhalten und in sein Körbchen zu gehen. Es dauert nicht lange, bis der Hund sich zu Hause völlig passiv verhält. Viele denken dann, dass das ein „netter Hund" ist.

Vor einigen Jahren wurde Passivitätstraining bekannt, und es erfreut sich seither wachsender Beliebtheit. Hierbei geht es darum, dass der Hund ruht, wenn man selbst ruht. Aber in manchen Fällen wurde die selbstständige Entscheidung des Hundes zum Ruhen durch Zwang ersetzt. Da Hunde von Natur aus passiv sind, müssen wir ihre Passivität nicht noch durch gezieltes Training steigern.

Natürlich kann es zu Problemen führen, wenn der Hund etwas aus eigenem Antrieb tut. Er könnte beispielsweise plötzlich Lust haben, einen anderen Hund zu begrüßen, über die Straße zu laufen, Tiere im Park zu jagen oder jemanden anzubellen, der ihm unheimlich ist. Daher ist ein gewisses Maß an Training notwendig, aber es ist ebenso wichtig, dass der Hund dabei nicht passiv gemacht wird.

Wenn ein Hund von sich aus aktiv wird, liegt das oft daran, dass er seine innerlich aufgestaute Energie loswerden muss. Häufig wird er dann Dinge tun wie umherhüpfen, schnappen oder etwas anderes, das er nicht tun soll und worauf wir Menschen reagieren. Durch Erziehung oder Training werden solche vom Hund ausgehenden Aktivitäten gebremst.

Besonders häufig ist das im Haus zu beobachten. Wenn ein Hund umherrennt und dabei alle Teppiche durcheinanderbringt,

VERBOTE UND BESTRAFUNGEN

Hunde mit viel Energie werden besonders häufig korrigiert. Daraus entsteht oftmals ein Willenskampf, den in der Regel der Besitzer gewinnt, manchmal mithilfe eines Trainers. Je mehr Bestrafungen ein Hund erfährt, desto höher ist das Risiko, dass er Verhaltensprobleme entwickelt. Das ist das Ergebnis mehrerer Studien (5, 18). In einer Leitstudie konnten wir zeigen, dass die Wahrscheinlichkeit für aggressives Verhalten gegenüber anderen Hunden bei einem Hund umso höher wurde, je autoritärer sein Besitzer ihn behandelte.

Bestrafung hat nichts mit Lernen zu tun. Sie hat keinen Einfluss auf den Willen eines Hundes, was bedeutet, dass das unerwünschte Verhalten nach einer Strafe schon bald wieder auftreten wird. Strafen sind daher nicht der richtige Weg, wenn man an dem Verhalten eines Hundes dauerhaft etwas ändern möchte. Dafür eignet sich eine andere Trainingsstrategie, die auf Belohnung und Ermutigung basiert.

Hunde dürfen ruhig selbst die Initiative ergreifen und beispielsweise zum Spiel auffordern. (Foto: Maurer)

ERLERNTE HILFLOSIGKEIT

Der US-amerikanische Wissenschaftler und Psychologe Martin Seligman studierte Hunde in Situationen, in denen sie keine Wahl beziehungsweise keine für sie machbare Alternative hatten. Sie wurden unangenehmen Elektroschocks ausgesetzt und hatten keine Möglichkeit, diesen zu entgehen (14, 32). Auf diese Studien gründet seine Theorie der erlernten Hilflosigkeit.

Nachdem sie über einen kurzen Zeitraum dieser Folter ausgesetzt waren, veränderte sich die Persönlichkeit dieser zuvor zufriedenen und aufmerksamen Hunde. Sie wurden lustlos, passiv und oftmals depressiv. Sie entwickelten Essstörungen, Geräuschängste und hatten Probleme im Umgang mit Artgenossen. Ihr Immunsystem war geschwächt und sie waren oft krank.

Für das körperliche und geistige Wohlbefinden ist es wichtig, das Gefühl zu haben, das eigene Leben und die aktuelle Situation kontrollieren zu können. Martin Seligman äußerte nach seinen Studien die These, dass es für die Hunde in dieser Situation einfacher zu sein schien, in erlernte Hilflosigkeit zu verfallen (33).

Eigeninitiative ist wichtig!

Befürworter des autoritären Hundetrainings warnen andere oft davor, ihrem Hund zu erlauben, die Initiative zu ergreifen. Hinter dieser Denkweise steckt die veraltete Vorstellung von einer Rangordnung, also die

Gefühl von Kontrolle --------------
---------------------> *Hilflosigkeit*

Wo würden Sie Ihren Hund einordnen?
Durch jede Einschränkung und Ausübung von Kontrolle Ihrerseits bewegt sich der Hund weiter in Richtung Hilflosigkeit.
Autoritäres Training, viele Bestrafungen und zu hohe Anforderungen treiben Hunde regelrecht dorthin!

wissenschaftlich nicht begründbare Angst davor, dass der Hund „sozial aufsteigt", „stark wird" und „die Macht ergreift". Das ist nachweislich falsch!

Richtig ist genau das Gegenteil: Wir sollten unseren Hunden erlauben, die Initiative zu ergreifen – wir sollten sie sogar dazu ermutigen, solange es nicht zu unerwünschtem Verhalten führt. Wenn der Hund lernt, dass wir ihn wahrnehmen und auf ihn eingehen, nimmt bei ihm das so wichtige Gefühl zu, selbst Kontrolle ausüben zu können.

Ein solcher Hund wird zufriedener und aktiver sein als ein autoritär trainierter Hund. Er wird sich darüber hinaus sozialer verhalten und über ein stärkeres Immunsystem verfügen. Außerdem wird er, was ebenso wichtig ist, eine viel engere Bindung zu seinem Besitzer eingehen.

Ich möchte Ihnen von einer sechs Jahre alten Spanielhündin erzählen, nennen wir sie Lady. Ich kümmerte mich jeden Tag um sie, bis sie mit elf Jahren an einer Krankheit starb. Ihre Besitzer waren in meiner Nachbarschaft eingezogen, und eines Tages hatte ich überrascht bemerkt, dass sie einen Hund hatten. Ich war deshalb so überrascht, weil ich nie einen Hund gehört und auch keinen beim Spaziergang gesehen hatte. Das Paar war mehr als zwölf Stunden pro Tag nicht zu Hause und ließ eine Hintertür offen, die zu einem kleinen, betonierten Hof führte, wo der Hund sein Geschäft machen konnte. Es waren keine „Tierleute" und Lady war ihr erster Hund. Sie gingen nie mit ihr spazieren, sodass sie nahezu keine Muskeln hatte. Was ihre Psyche betraf, war sie apathisch. Sie begrüßte niemanden, spielte nicht und war völlig introvertiert. Sie fraß und schlief, und das war es auch schon, was ihr Leben sechs Jahre lang bestimmt hatte.

Ich bot an, mich tagsüber um Lady zu kümmern, während ihre Besitzer arbeiteten. Sie akzeptierten das mit einem Schulterzucken und es hatte nicht den Anschein, als würden sie das Bedürfnis des Hundes nach Gesellschaft und Spaziergängen verstehen.

Abends versteckte ich immer einige Leckerchen in meinem Haus, die Lady am darauffolgenden Morgen begeistert suchte. Das wurde schnell zu ihrem heiß geliebten morgendlichen Ritual. Ihr kleiner, kurzer Stummelschwanz wackelte die ganze Zeit, während sie suchte.

Nun wollte ich ausprobieren, ob sie mit mir kommunizieren konnte; ob sie in der Lage war, die Initiative zu ergreifen und mir mitzuteilen, dass sie etwas wollte. Als sie eines Morgens bei mir ankam, begann sie sofort, nach Leckerchen zu suchen, fand diesmal aber keine. Ich hatte keine versteckt. Nachdem sie einige Minuten lang gesucht hatte, war sie offensichtlich enttäuscht. Ich beobachtete sie vom Sofa aus und fühlte mich dabei unglaublich schuldig, aber ich hielt durch. Nach einiger Zeit kam sie mit fragendem Blick zu mir und hielt ihren Kopf schief. Ich fragte sie: „Möchtest du nach Leckerchen suchen?", und stand direkt anschließend auf. Dann nahm ich einen Leckerchenbeutel und versteckte einige Leckerchen – zu ihrer großen Freude.

Zum ersten Mal in seinem Leben hatte dieser geistig verhungerte Hund ein Mittel, mit dem er sich anderen verständlich machen konnte. Von diesem Tag an kam Lady, wann immer sie etwas wollte, wie hinausgehen, spielen, Leckerchen suchen, Futter oder Wasser, zu mir und sah mich auf diese besondere Art und Weise an, wobei sie ihren Kopf schief hielt. Genau so, wie sie es gelernt hatte, als die Leckerchen nicht dort waren, wo sie hätten sein sollen.

„ZEIG'S MIR"

Wenn Sie Ihrem Hund beibringen möchten, die Initiative zu ergreifen, müssen Sie auf kleine Signale achten. Vielleicht sieht Ihr Hund Sie nur an; vielleicht kläfft er oder wirkt besorgt. In all diesen Fällen möchte er möglicherweise, dass Sie etwas tun, beispielsweise seine Wasser- oder Futterschüssel füllen oder einen Spaziergang mit ihm machen.

Wenn Sie auf diese kleinen Signale achten und dann dem Hund folgen, wird er Ihnen zeigen, was er von Ihnen will. Wenn Sie nicht sicher erkennen können, was er möchte, geht es ihm vielleicht nur darum, dass irgendetwas passiert. Er könnte gelangweilt sein oder in ihm hat sich einfach zu viel Energie angestaut.

Hunde können auf etwas „zeigen", indem sie in eine bestimmte Richtung schauen. Leider ist es jedoch häufig so, dass Hunde uns anschauen, als könnten wir ihre Gedanken lesen. Aber Sie können Ihrem Hund beibringen, sich genauer auszudrücken, zum Beispiel, indem er etwas mit der Pfote berührt. Das kann die Tür sein, die nach draußen führt, oder der Schrank, in dem seine Leckerchen oder seine Spielzeuge aufbewahrt werden. Wenn Sie also den Eindruck haben, dass der Hund etwas von Ihnen möchte, dann sagen Sie „Zeig's mir" und folgen ihm.

EIGENE ENTSCHEIDUNGEN TREFFEN

Bei einem Spaziergang gibt es so viele verlockende und interessante Dinge für einen Hund zu entdecken, vor allem die Gerüche anderer Hunde. Ihr Hund zeigt Ihnen ganz deutlich, wenn er zu einem Geruch hinwill, den er aufgenommen hat, und das Einzige, was ihn davon abhalten kann, sich der Geruchsquelle zu nähern, sind Sie. Selbstverständlich sollten Sie Ihren Hund den Geruch erkunden lassen, außer wenn das zu unangemessen oder unbequem wäre. Es ist schließlich nicht Ihr Spaziergang, sondern der Ihres Hundes!

TRAINING MUSS SEIN, ABER ...

OPERANTES HANDELN

Operante Konditionierung oder operantes Lernen bedeutet, dass der Hund selbst herausfinden soll, was Sie von ihm möchten. Wenn Sie beispielsweise wollen, dass Ihr Hund sich hinlegt, zeigen Sie ihm ein Leckerchen oder ein Spielzeug und warten ab. Er wird Sie nun anspringen, sich setzen, Sie umkreisen, kläffen und ... sich hinlegen. Jetzt loben Sie ihn und geben ihm die Belohnung.

Diese Art zu lernen ist viel effektiver, als wenn der Hund zu etwas gezwungen oder auch gelockt wird, denn er muss nachdenken und versuchen herauszufinden, was zu tun ist. Clickertraining basiert hauptsächlich auf operanter Konditionierung.

Je mehr Sie auf diese Weise trainieren, desto ausgeprägter wird die Fähigkeit Ihres Hundes, selbst die Initiative zu ergreifen.

Spaziergänge sind für den Hund da, und er sollte dabei möglichst auch selbst entscheiden dürfen, was er genauer erkunden möchte.

Unglückliche gehorsame Hunde

Diesen Hunden begegnet man überall; häufig sind es Hunde größerer Rassen. Sie sind sehr diszipliniert und gehen an kurzer Leine dicht bei ihren Besitzern – mit stumpfem Blick, zurückgelegten Ohren, nach unten gerichteter Rute und in langsamem Tempo. Wenn solche Hundebesitzer auf dem Bürgersteig an mir vorbeigingen, haben sie mich schon immer irgendwie an Befehlshaber beim Militär erinnert. Vielleicht glauben sie, dass es beeindruckend ist, einen Hund so unter Kontrolle zu haben, dass er wie ein Schatten neben einem herläuft. Sie wirken

Wenn Sie an Kreuzungen gelangen, können Sie den Hund die Richtung wählen lassen, in die er gern weitergehen möchte. Es gibt ihm ein gutes Gefühl, wenn er auf diese Weise selbst die Initiative ergreifen und die Situation kontrollieren kann. Es ist in diesem Zusammenhang übrigens interessant zu wissen, dass Hunde häufig lieber gegen den Wind laufen. Wenn es einmal nicht möglich ist, den Hund wählen zu lassen, können Sie ihm stattdessen ein Extra-Leckerchen geben.

Auch große Hunde sollten genügend Freiheiten genießen dürfen.

zufrieden und gehen mit gerecktem Kinn, zurückgenommenen Schultern und leicht gebeugten Ellbogen.

Manche Menschen haben das Bedürfnis, absolute Kontrolle über ihren Hund auszuüben. Sie finden regelrecht Befriedigung darin, ihren Hund so einzuschränken – und anderen zu zeigen, dass sie dazu in der Lage sind. Sie rechtfertigen ihr Handeln damit, dass große Hunde so kräftig sind. Sie sagen, dass man kleine Hunde, die Menschen anspringen oder andere Hunde angreifen, ganz leicht korrigieren könne. Man müsse nur die Leine gut festhalten und den Hund zurückziehen.

Mit einem großen und kräftigen Hund sei das etwas anderes. Wenn etwa ein Deutscher Schäferhund oder ein Rottweiler jemanden anspringe, könne er diese zu Fall bringen. Wenn ein großer Hund einen anderen angreife, sei es schwieriger, diesen zurückzuhalten. Solche Hunde sähen gefährlicher aus und könnten mehr Schaden anrichten.

ÜBERTRIEBENER GEHORSAM UND MACHTAUSÜBUNG

Natürlich ist es nicht ganz falsch, dass man einen großen Hund besser unter Kontrolle haben muss als einen kleinen. Aber diese Leute schießen über das Ziel hinaus. Absolute Kontrolle über einen Hund auszuüben und ihn auch dann an kurzer Leine zu führen, wenn keine anderen Hunde oder Menschen in der Nähe sind, ist übertriebener Gehorsam.

Leider kennen Hunde selten Grenzen, wenn es darum geht, die Gehorsamsforderungen ihrer Besitzer zu erfüllen. Das führt dazu, dass an einige Hunde unangemessene und viel zu hohe Anforderungen gestellt werden. Sie funktionieren eher wie Roboter, die nichts tun, solange ihr Besitzer ihnen kein Kommando dazu gibt. Diese Hunde werden permanent unterdrückt und dürfen niemals tun, was sie wollen. Ungehorsam wird als Straftat angesehen und gnadenlos geahndet. Der Platz dieser Hunde ist an der linken Seite ihres Besitzers und nirgends sonst. Ihnen ist stets bewusst, dass dieser sie immer im Blick hat, nur für den Fall, dass sie sich wagen, etwas Unerlaubtes zu tun.

Was meist nicht erkannt wird, ist, dass solche Hunde regelrecht ruhiggestellt wurden und oft Angst haben, etwas falsch zu machen. Vielmehr sind die Menschen, die derart trainierte Hunde sehen, von dem anscheinend fähigen Trainer beeindruckt. Denken Sie nur mal an die Reaktionen, wenn in einer Fernsehsendung ein aggressiver Hund innerhalb von fünf Minuten zu einem netten und gehorsamen Hund gemacht wird. Sie hören dann Aussagen wie „Ich hätte niemals gedacht, dass das möglich ist". Aber diesen Fernsehzuschauern ist nicht klar, welchen Preis der Hund für diese Veränderung bezahlen musste.

ES GEHT AUCH ANDERS

Ein Spaziergang ist so viel mehr als nur Bewegung und eine Gelegenheit zum Pinkeln. Ein Hund kann bei einem kurzen Spaziergang weder seine Muskeln trainieren, noch wird sein Bedürfnis nach sozialer Interaktion befriedigt. Was ein Hund braucht und was dazu führt, dass er nach der Rückkehr zufrieden ist, sind all die anderen Dinge, die er beim Spaziergang tun kann, etwa prüfen, ob Artgenossen in diesem Areal gepinkelt haben. Für den Hund ist das, als würde er die Tageszeitung lesen. Ein paar Tropfen Pipi abzugeben und damit eine Nachricht zu „schreiben", ist genauso wichtig wie Bewegung. Es ist ein soziales Spiel, das den Hund geistig beschäftigt. Das ist der Grund, warum Training auf einem Laufband oder neben dem Fahrrad nicht so effektiv ist wie ein Spaziergang.

Einen großen Hund gut unter Kontrolle zu haben bedeutet nicht, dass man militärische Disziplin einfordern und jegliche Eigeninitiative des Hundes unterbinden muss. Auch einem großen Hund sollte es erlaubt sein anzuhalten, zu schnüffeln, zu pinkeln, wann er möchte, und vielleicht auch beim Spaziergang die Richtung zu wählen. Der Spaziergang ist schließlich kein Marsch, der dazu dient, dass der Besitzer den Gehorsam seines Hundes und die Kontrolle über ihn unter Beweis stellen kann.

Ich freue mich immer, wenn ich einen großen Hund sehe, der an einer langen Leine läuft und ein wenig geistige Beschäftigung hat, indem er all die Gerüche am Boden erkunden darf. Selbstverständlich ist es aber notwendig, dass ein großer Hund bei Fuß läuft, wenn man einen kleinen Hund passiert, der dem großen bellend mitteilt, dass er „eins draufkriegt", wenn er zu nah kommt ...

Mir wird warm ums Herz, wenn ich sehe, wie Hundebesitzer ihre Hunde während des Spaziergangs geistig beschäftigen, zum Beispiel indem sie ein Leckerchen in der Rinde eines Baums verstecken, den Hund nach dem Schlüsselbund suchen lassen, der ihnen „versehentlich" heruntergefallen ist, oder den Hund auf einen Stein oder eine Mauer springen und darauf balancieren lassen.

Es gibt Hundebesitzer, die ihre großen Hunde mit Lob und Leckerchen an anderen Hunden, Kindern oder beunruhigenden Dingen vorbeiführen, statt in diesen Situationen mit unfreundlicher Stimme gesprochene Kommandos und Rucke an der Leine zu verwenden. Diese positive Form der Kontrolle beinhaltet, dass der Hund auch selbst das Gefühl hat, die Kontrolle zu haben. Er macht die wichtige Erfahrung, dass er aktiv etwas tun kann, um sein Leben zu beeinflussen.

„Natürliche Erziehung"

Einige der Befürworter harten Trainings verwenden Begriffe wie „natürliche Erziehung", um ihre diversen Methoden zu rechtfertigen. Erklärungen wie „Man sollte es genauso machen wie eine Hundemutter und den Welpen zu Boden zwingen. Auch Wolfseltern sind übrigens sehr streng, wissen Sie?", sind dann zu hören. Diese Aussage ist falsch, sowohl in Bezug auf Hunde als auch auf Wölfe – und übrigens auch in Bezug auf andere Tierarten; Tiere behandeln ihren Nachwuchs nicht so. Im Gegenteil kümmern sie sich liebevoll um ihre Jungen, beschützen sie und verteidigen sie, wenn sie bedroht werden.

Weder Mutter noch Vater erziehen ihre Jungen bewusst. Hauptsächlich lernen die Kleinen auf zwei Arten: durch Erfahrungen,

Jagdspiele mit einem Stock sind besonders häufig bei Welpen und jungen Hunden zu beobachten.

die sie selbst machen, und indem sie erwachsene Tiere aus der Gruppe oder Familie nachahmen.

Mit jeder seiner Handlungen macht ein junges Tier zugleich auch eine Erfahrung. Wenn es beispielsweise mit vollem Tempo rennt und dann stolpert, wird es lernen, beim Rennen besser aufzupassen. Wenn es beim Spiel zu fest zubeißt, wird ebenso fest zurückgebissen. Die Eltern sind nicht da, um ihr Junges zu korrigieren oder zu bestrafen.

Beim Beobachten wild lebender Wölfe wird klar, wie wichtig es für deren Nachwuchs ist, mit einem großen Selbstvertrauen aufzuwachsen. Hätten die Jüngsten im Rudel nur wenig Selbstvertrauen, würden sie es nicht wagen, große Beutetiere anzugreifen, die sich wehren könnten. Das wiederum könnte das Leben der gesamten Gruppe gefährden. Würden die Eltern ihre Welpen bestrafen und bedrohen, würde dies bei ihnen zu emotionaler Schwäche führen. Strafen und Drohungen haben außerdem emotionale Reaktionen wie Angst und Unterwürfigkeit zur Folge. Das Ergebnis wäre, dass sich die Welpen auf ihre Eltern statt auf die Beute oder einen Feind konzentrieren würden. Auch aus diesem Grund wäre das Überleben der gesamten Gruppe gefährdet, wenn die Eltern eingreifen und das Verhalten ihres Nachwuchses kontrollieren würden.

LERNEN DURCH VERSUCH UND IRRTUM

Ab einem bestimmten Alter – oft bereits ab der sechsten Lebenswoche – lernen Welpen das Jagen, indem sie sich gegenseitig in wildem Spiel nachsetzen. Sie lernen, sich einzuholen, einander den Weg abzuschneiden, die Bewegungen des „Fliehenden" vorauszuahnen und sich gegenseitig auf den Boden zu werfen.

Hunde fordern häufig andere Hunde zu einem Jagdspiel heraus, indem sie einen Stock ins Maul nehmen und loslaufen, als wollten sie sagen: „Los, fang mich doch, wenn du kannst!"

Dieses Spiel, das am häufigsten bei Welpen und jungen Hunden zu beobachten ist, beinhaltet das Erlernen von Strategien, die später bei der Jagd auf echte Beute gebraucht werden. Man kann sehen, wie die Kleinen sich kriechend heranpirschen, ganz ähnlich wie bei einem echten Überraschungsangriff. Manche Hunde zeigen dieses Verhalten bei Spaziergängen mit ihrem Besitzer. Wenn sie einen anderen Hund erspähen, legen sie sich flach auf den Boden, sodass das Kinn diesen berührt, als würden sie sich wie ein Löwe im hohen Gras verstecken. Es ist dann unmöglich, den Hund zum Weitergehen zu animieren. Wenn sich der andere Hund bis auf zwei oder drei Meter genähert hat, springt der „Löwe" wie ein Kastenteufelchen auf, was den anderen Hund überrascht. Dieses Verhalten wird häufig von Hunden gezeigt, die im Umgang mit Artgenossen etwas unsicher sind.

Welpen lernen in Kampfspielen, wie sie mit Beute oder Gegnern der eigenen Art ringen und kämpfen können. Im Spiel versuchen sie, den Gegner zu besiegen, indem sie ihn am Boden festhalten. Dabei ist häufig Knurren und auch kurzes Bellen zu hören, was die eigene Position stärken und den Gegner einschüchtern soll.

Auch Tauziehen mit einem Stock oder etwas anderem wird oft gespielt. Hierbei lernt der Hund generell zu kämpfen, nicht nur zu gewinnen. Manche Menschen warnen davor, einen Hund ein Tauziehen gewinnen zu lassen, weil sie der Meinung sind, dass dieser damit eine Sprosse auf der sozialen Leiter erklimmen könnte. Heute wissen wir, dass das falsch ist. Ein Beweis dafür ist, dass ein Hund, der gewinnt, sofort wieder ankommt und ein neues Tauziehen starten möchte.

WELPEN WELPEN SEIN LASSEN

Es gibt drei ungünstige Dinge beim Welpentraining, und das sind zu viele Regeln, zu viele Übungen und zu viele beziehungsweise zu wenige Aktivitäten. Vertreter der „harten Schule" sind meistens streng und stellen vom ersten Tag an strikte Regeln auf. Der Welpe darf nicht zu viel spielen oder zu häufig beißen. Wilde Spiele drinnen sind verboten, ebenso verhält es sich mit dem Begrüßen anderer Hunde oder Anspringen von Menschen. Futter oder Spielzeug beschützen ist ebenfalls tabu, und es ist eine Sünde, Menschen anzuknurren, egal aus welchem Grund, auch wenn es beispielsweise Angst ist. Derart aufgezogene Welpen werden unsicher, unterwürfig, und, wenn sie älter werden, oftmals aggressiv.

Entschlossene, energische Menschen erwarten häufig zu viel von ihrem Welpen. Er muss so viel lernen wie erwachsene Hunde und auch so aktiv sein. Diese „Besessenheit" kann man auch bei überambitionierten Eltern beobachten. Wir sollten nicht vergessen, dass wir Welpen auch mal gewähren

Welpen sollte auch einfach mal Welpen sein und ihre eigenen Erfahrungen machen dürfen. (Foto: Maurer)

lassen müssen. Natürlich ist Training notwendig, aber das sollte vor allem auf spielerische Weise passieren. Und selbstverständlich sollte man Welpen zu Aktivitäten animieren, aber nur moderat. Welpen haben ein großes Ruhebedürfnis.

Sehr häufig kommt es aber auch vor, dass Hundebesitzer ihren neuen Welpen nur bewundern und sonst nichts tun. Sie sorgen weder für geistige Beschäftigung, noch stellen sie Regeln auf. Sie kümmern sich auch nicht um Sozialisierung und Umweltgewöhnung und sie versäumen es, mit dem Welpen das Laufen ohne Leine und Zurückkommen auf Ruf zu üben. Wenn zu wenig Zeit investiert wird, um mit dem Welpen das zu üben, was er für eine Eingliederung in die Familie und Gesellschaft können muss, wird es ihm später möglicherweise an sozialer Kompetenz mangeln. Werden dem Welpen außerdem keine der für die geistige Entwicklung so wichtigen Aktivitäten geboten, besteht die Gefahr, dass er später schlecht mit beunruhigenden oder beängstigenden Situationen im Umgang mit anderen oder in seiner Umwelt umgehen kann.

Energiebündel Junghund

Junge Hunde scheinen nur Unsinn im Kopf zu haben. In dieser Phase haben viele Hundebesitzer den Eindruck, dass sie einen Problemhund besitzen, weil der junge Hund so wild ist. Er zieht an der Leine, bellt, kaut auf allen möglichen Dingen herum, kommt nicht, wenn man ihn ruft, springt Leute an, kämpft mit anderen Hunden, jagt Tieren und Joggern nach und hört einfach überhaupt nicht. Es handelt sich hierbei nicht um eine Verhaltensstörung. Es liegt wirklich nur an Energie und Übermut!

Nun ist Ihnen sicher klar, dass man diesem Verhalten nicht mit Maßregelungen, Korrekturen, Bestrafungen und Kontrolle begegnen sollte. Damit würde man die Energie des jungen Hundes nur in Passivität umwandeln und seinen Übermut unterdrücken, bis dieser Melancholie weichen würde. Das Ergebnis wäre ein Hund, der nichts tut, wenn er keinen Befehl dazu erhält, der Angst davor hat, die Initiative zu ergreifen, und der daher eine leere Seele und einen ebensolchen Blick hat. Ein solcher Hund altert viel zu früh.

Hören Sie deshalb nicht auf Leute, die Ihnen raten, Probleme durch Strafe und Kontrolle zu beheben oder die den Übermut des Hundes als Fehlverhalten bezeichnen. Hören Sie auch nicht auf Ratschläge, bei denen es darum geht, den Hund „auf seinen Platz zu verweisen" oder ihm zu „zeigen, wer der Chef und Anführer ist". Lassen Sie sich nicht von sogenannten Experten ins Bockshorn jagen, die Ihnen empfehlen, dass Sie gegen die Natur des Hundes handeln und etwas für ihn Unangenehmes tun sollen, um bestimmte Verhaltensweisen abzustellen. Alle derartigen Ratschläge zielen nur darauf ab, die Symptome zu bekämpfen.

Vergessen Sie nicht: Ihre Probleme sind nicht Ungehorsam, Fehlverhalten oder mangelnde Führungsqualitäten, sondern Sie haben es mit überschüssiger Energie zu tun. Ihre Aufgabe ist es, einen Balanceakt zu meistern, bei dem Sie einerseits erreichen möchten, dass Ihr Hund auch das tut, was ihm gerade schwerfällt, ohne ihm andererseits seine Lebhaftigkeit und seine Fähigkeit zur Eigeninitiative zu nehmen. Schließlich ist Ihr Hund Ihr bester Freund, und Sie wollen, dass er glücklich ist.

Eine effektive Möglichkeit, die Energie Ihres Hundes in die richtigen Bahnen zu lenken, ist geistige Beschäftigung. Das ist der Weg zu einer harmonischen und konfliktfreien Beziehung (15). Und das Beste dabei ist, dass der Hund nicht passiv und traurig wird, sondern seine Fröhlichkeit und Kommunikationsfähigkeit behält.

Bestrafung, Korrektur und Maßregelung

Wenn im Fernsehen gezeigt wird, wie Trainer Problemverhalten bei Hunden durch Bestrafungen abstellen, wird von Korrektur und Disziplinierung gesprochen und behauptet, dass das nicht dasselbe sei wie Bestrafung. Per definitionen sind jedoch alle negativen Handlungen, die ein Verhalten beenden sollen, Bestrafungen.

MUSS STRAFE WIRKLICH SEIN?

Die meisten Menschen glauben, dass eine Handlung negative Konsequenzen haben muss, damit ein Individuum lernt, dasselbe nicht noch mal zu tun. Das stimmt, aber nur, wenn bestimmte Voraussetzungen erfüllt sind, nämlich:

- Das Verhalten wird zum ersten Mal gezeigt, beispielsweise stiehlt der Hund erstmals etwas vom Tisch.
- Die Motivation ist niedrig, der Hund ist also nicht hungrig, sondern das Essbare auf dem Tisch war nur verlockend.
- Die negative Konsequenz erfolgt sofort bei Beginn des Verhaltens, also in der Sekunde, in der der Hund am Tisch hochspringt.

Wie oft sind diese Voraussetzungen erfüllt, wenn Menschen „Nein" oder „Lass das" sagen, an der Leine ziehen oder dem Hund einen Klaps geben? Die Antwort ist: Nicht sehr oft. Das bedeutet, dass die meisten Bestrafungen, wenn überhaupt, nur kurzzeitig etwas an dem Verhalten ändern.

Was viele nicht bemerken, sind die Auswirkungen einer Bestrafung des Hundes auf ihre Beziehung zu ihm. Stellt ein Hund fest, dass sein Besitzer ihn dominiert, kontrolliert und bestraft, wird er sich in der Folge unterwürfig und passiv verhalten und alle möglichen Arten von Verhaltensproblemen entwickeln. In einer Studie aus den Niederlanden wurde außerdem festgestellt, dass grob behandelte Hunde eine höhere Konzentration des Stresshormons Cortisol im Blut hatten (32).

Wenn die negative Konsequenz einer Handlung sehr heftig ist, die Strafe also sehr hart ist, kann es sein, dass der Hund das verbotene Verhalten für lange Zeit nicht mehr zeigt. Er ist dann verängstigt, vielleicht sogar geschockt. Er hat Angst vor dem, der ihn bestraft hat, und zeigt sich oft deutlich unterwürfig, wenn diese Person auch nur ihre Stimme erhebt. Der Hund wird passiv. Er wird viel eher aggressiv gegenüber anderen Hunden werden, was für ihn dann weitere Strafen zur Folge hat. Mit der Zeit wird der Hund eine Reihe von Stresssymptomen zeigen wie Magenprobleme und ein geschwächtes Immunsystem, was ihn krankheitsanfällig macht.

Wenn wir Tierschutzrichtlinien und -gesetze richtig interpretieren, ist es verboten, einen Hund zu missbrauchen oder zu verletzen. Außerdem ist es ethisch nicht vertretbar. Wer nicht in der Lage ist, einem Hund beizubringen, bestimmte Dinge nicht zu tun, ohne ihn zu verängstigen oder ihm wehzutun, muss an seinen Fähigkeiten als Trainer arbeiten. Es gibt so viele positive Wege, um einen Hund zu trainieren!

TRAINING MUSS SEIN, ABER ...

Zu spät: Nur wenn der Hund gerade mit dem unerwünschten Verhalten begonnen hat, wäre Strafe wirksam, aber selbst dann gibt es bessere Lösungen.

Wenn man einen Hund für das gleiche unerwünschte Verhalten wieder und wieder bestrafen muss, ohne dass ein dauerhaftes Ergebnis erzielt wird, muss man innehalten und nachdenken. Wenn ich mein Auto wieder und wieder wegen desselben Problems zur Reparatur in die Werkstatt bringen muss, dann weiß ich, dass etwas mit der Mechanik des Autos nicht stimmt. Wenn mein Kind etwas wieder und wieder tut, auch wenn ich ihm das verbiete, dann muss ich einen anderen Weg finden, um das Problem zu lösen.

Das Fazit lautet: Um eine dauerhafte Verhaltensänderung zu erzielen, müssen Sie den Hund belohnen, wenn er etwas sein lässt. Das heißt, Sie müssen schnell sein. Wenn der Hund beispielsweise andere Hunde angreift, müssen Sie ihn sofort belohnen, wenn er einen Hund sieht, noch bevor er irgendwelche Anzeichen für einen Angriff erkennen lässt. Wenn Sie üben, müssen Sie also zunächst einen großen Abstand zu anderen Hunden einhalten und diesen nach und nach verkleinern. Am besten verabreden Sie sich dazu mit Besitzern anderer Hunde, vielleicht täglich zu einer bestimmten Zeit. Gehen Sie dabei langsam und schrittweise vor. Sie müssen auch an Ihrem eigenen Verhalten arbeiten, vor allem an Ihrer Stimmung, damit Sie in den Augen des Hundes nicht aggressiv erscheinen. Es ist leicht zu verstehen, dass Aggression für den Lernerfolg nicht förderlich ist. Sie macht dem Hund nur Angst. Ich habe festgestellt, dass es etwa 40 Möglichkeiten gibt, einen Hund zu bestrafen, aber nur fünf oder sechs, um ihn zu belohnen …

So werden Spaziergänge zum Erlebnis

Sie gehen mit dem Hund spazieren und beginnen unterwegs, mit Ihrem Handy zu telefonieren. Es ist kein Verkehr, und es sind auch keine anderen Hunde in Sicht, also lassen Sie Ihren Hund frei laufen. Sie haben das Gefühl, ihn absolut unter Kontrolle zu haben … Dann, plötzlich, passiert es – ein aufgeschreckter Hase hüpft vor den Augen Ihres Hundes hoch und rennt davon, und der Hund jagt ihm nach.

Es gibt nichts Langweiligeres als einen Hundebesitzer, der während des Spaziergangs telefoniert. Das bedeutet null Kontakt zum Hund und null Kontrolle! Der Hundebesitzer ist mit Telefonieren beschäftigt, was zur Folge hat, dass der Hund tun kann, was er will – und genau das wird er auch tun. Er möchte ja ein bisschen Spaß und Spannung erleben.

Manche Hundebesitzer haben auch den Ehrgeiz, selbst die Umgebung im Blick zu behalten und aufzupassen, dass ihr Hund kein Tier und auch keinen Jogger jagt. Sie scannen also alles ab und lauschen aufmerksam auf jedes Geräusch. Aber der Hund tut genau dasselbe, und er ist schrecklich gelangweilt, denn so spannend ist es nun auch wieder nicht, lediglich alte und neue Gerüche zu erkunden.

Mensch und Hund halten also Ohren und Augen offen, um alles mitzubekommen, was um sie herum passiert. Beim Spaziergang geht es nun darum, wer am besten riecht, sieht oder hört, wer den schnellsten Start hinlegt und am schnellsten rennt. Mensch oder Hund? Na, raten Sie mal, wer da die Nase vorn hat …

Sie können Problemen, dass der Hund zu anderen Hunden hinläuft oder Tiere, Jogger und anderes jagt, vorbeugen beziehungsweise sie beheben, und das funktioniert wie folgt:

Schritt 1: Telefonieren Sie nicht während des Spaziergangs. Beschäftigen Sie sich auch nicht mit anderen persönlichen Dingen. Stellen Sie sicher, dass Sie Teil des Teams sind, das aus Ihnen und dem Hund besteht.

Schritt 2: Bauen Sie auf dem Spaziergang Stationen ein, an denen der Hund etwas geistige Beschäftigung bekommt, die ihm Spaß macht – das sollte bei jeder Station eine andere sein. Anregungen für geeignete Aktivitäten liefern Ihnen diese vier Stichworte: Nasenarbeit, Lernen, Problemlösungen finden und Balancieren. An einer Stelle kann der Hund vielleicht nach in der Rinde eines Baums versteckten Leckerchen suchen. An Station zwei übt er einen Trick, an Station drei hat er die Aufgabe herauszufinden, wie er Stöcke bewegen muss, um an ein Spielzeug zu gelangen, und an Station vier soll er über einen liegenden Baumstamm balancieren. Viele weitere Ideen finden Sie in Büchern über geistige Beschäftigung, etwa in meinem Buch „Mentales Training für Hunde" (15).

Die Strecken zwischen den einzelnen Stationen können unterschiedlich lang sein. Anfangs sollten die Wege eher kurz gewählt werden, circa 50 bis 100 Meter genügen. Wenn Sie Probleme damit haben, Ihren Hund frei laufen zu lassen, ist es besser, wenn die Stationen schneller aufeinanderfolgen, andernfalls können sie "etwas weiter" auseinanderliegen.

Es wird nur wenige Tage dauern, bis der Hund das Interesse daran verloren hat, während Spaziergängen wegzulaufen, denn Sie sorgen ja für spannende Abwechslung. Der Hund freut sich auf die jeweils folgende Station. Plötzlich hält er engen Kontakt zu Ihnen und hat es ganz eilig, zu dem nächsten tollen und interessanten Ort zu gelangen.

Beim Spaziergang finden sich viele Möglichkeiten, um den Hund zu beschäftigen. Er kann zum Beispiel unter einer Wurzel durchkriechen. (Foto: Maurer)

Die meisten Hunde ziehen an der Leine, weil sie zu viel aufgestaute Energie loswerden müssen.

In vollem Lauf voraus – Ziehen an der Leine

Für kein Problemverhalten kursieren so viele Ratschläge und Trainingsmethoden wie für das An-der-Leine-Ziehen. Die meisten davon beinhalten Dinge, die dem Hund unangenehm sind; es geht dabei einfach nur um demotivierende Schnelllösungen zur Symptombekämpfung.

Wie schon erwähnt sind vor allem junge Hunde wahre Energiebündel. Hunde sind generell nicht faul, sondern eigentlich Workaholics. Junge Hunde sind neugierig, lebhaft, und sie haben jede Menge Power. Da ist es kein Wunder, dass sie es schon ab dem ersten Schritt aus der Haustür eilig haben, vor allem beim Morgenspaziergang. Schließlich haben sie sich die ganze Nacht ausgeruht und können es nun gar nicht abwarten, endlich ihre Beine zu bewegen. Aber auch tagsüber, nach längeren Ruhephasen zu Hause, möchten Hunde verständlicherweise beim Spaziergang ihre aufgestaute Energie abbauen.

Dazu kommt, dass viele Hunde mit den bereits erwähnten Trainingsmethoden, die auf das Unterdrücken und Ruhigstellen des jungen, ungestümen Hundes abzielen, noch passiver gemacht werden. Sie sollen sich nicht „danebenbenehmen", indem sie andere Leute anspringen, bellen, jaulen, auf Dingen herumkauen, Tieren und Menschen nachjagen und zu jedem Hund hinrennen, dem sie begegnen.

Ein Hund, der „ruhig und nett" ist und zu Hause nur herumliegt und schläft, sammelt aber Energie. Davon hat er dann übermäßig viel, wenn wir mit ihm nach draußen gehen. Und genau das ist der Grund, warum er an der Leine zieht. Auch andere Verhaltensprobleme können aufgrund von zu viel Energie entstehen, weshalb viele Leute damit so schwer umgehen können.

Hunde ziehen am stärksten zu Beginn des Spaziergangs, weil dann der Energiestau am größten ist. In der Regel ziehen sie weniger stark auf dem Rückweg, weil sie dann einen Teil der überschüssigen Energie verbraucht haben.

Aus Fairness gegenüber dem Hund sollten wir also an der Ursache arbeiten – der überschüssigen Energie – und nicht das Symptom bekämpfen – das Ziehen an der Leine. Wenn wir so vorgehen, können wir all diese Empfehlungen, bei denen es darum geht, dem Hund Schmerzen zuzufügen oder ihm Angst zu machen, damit er anständig an der Leine läuft, getrost ignorieren. Ich möchte Ihnen dazu ein Beispiel erzählen:

Als ich jung war, lebte in meiner Nachbarschaft ein Mann, der sehr einsam und depressiv wirkte. Immer wenn ich ihn sah, tat er mir leid. Eines Tages jedoch schien er wie ausgewechselt zu sein. Ich fand heraus, dass er einen Norwegischen Elchhund bei sich aufgenommen hatte. Dieser kräftige Hund zog ihn wie ein Schlittenhund durch die Gegend. Der Mann war mit seinem neuen Freund stundenlang draußen unterwegs und lächelte dabei glücklich. Auch der Hund schien offensichtlich glücklich zu sein. Nach nur wenigen Tagen stellte ich fest, dass der Hund aufgehört hatte, so stark an der Leine zu ziehen, und ich wusste sicher, dass kein Trainer an diesem Ergebnis beteiligt war. Die einfache Erklärung für diese Verhaltensänderung war, dass der Hund all die körperliche Betätigung bekam, die er brauchte.

DIE LÖSUNG DES PROBLEMS

Der erste Rat, den ich gebe, wenn ein Hund an der Leine zieht, ist, ihn körperlich und geistig zu aktivieren. Man kann den Hund beispielsweise 15 bis 20 Minuten vor dem Spaziergang Leckerchen suchen oder Päckchen öffnen lassen. Hundebesitzer, die diesen Rat befolgten, berichteten mir, dass ihre Hunde schon nach sehr kurzer Zeit weniger an der Leine zogen oder ganz damit aufhörten.

Manche Hundebesitzer möchten, dass der Hund während des Spaziergangs bei Fuß geht, was selbstverständlich keine gute Idee ist und dem Hund ganz sicher keinen Spaß macht. Er sollte nur beim Überqueren einer Straße bei Fuß gehen oder dann, wenn Sie nicht möchten, dass er andere Hunde oder Menschen begrüßt. Der Hund sollte die gesamte Länge der Leine ausnutzen und das bisschen Freiheit genießen dürfen, das wir ihm gewähren können.

Wenn man den Hund dazu auffordert, nicht an der Leine zu ziehen, muss man schnell handeln, ohne ärgerlich zu klingen oder einen Befehlston anzuschlagen – das ist niemals nötig. Genau dann, wenn der Hund beginnt zu ziehen, sagt man sehr freundlich: „So nicht", und hält für einige Sekunden an. Dann lässt man die Leine für den Hund lang und geht weiter, während man ihn lobt.

Der Hund weiß nicht, dass das Ziehen falsch ist. Damit er das lernt, sind Übungen nötig, bei denen er dafür gelobt wird, dass er richtig läuft. Auf diese Weise wird er mit der Zeit verstehen, was wir von ihm möchten und was nicht. Suchen Sie sich für die folgende Übung eine 5 bis 10 Meter lange Strecke, je nach Größe Ihres Hundes. Diese Strecke ist Ihr Übungsareal. Gehen Sie hier so lange hin und her, bis der Hund nicht mehr zieht. Wenn Sie den Hund vor dem Training bereits körperlich und geistig beschäftigt haben, wird sich das gewünschte Ergebnis schnell einstellen.

Suchen Sie sich dann eine neue Strecke und wiederholen Sie die Übung. Wenn Sie Fortschritte verzeichnen können, lassen Sie die Strecke bei jeder Übungseinheit ein Stückchen länger werden. Ihr Lob sollte immer freundlich klingen, fast wie ein Lied. Nach einigen Tagen werden Sie einen großen Unterschied feststellen.

Selbstverständlich sollten Sie Ihrem Hund jedoch erlauben, leicht an der Leine zu ziehen, wenn er beispielsweise zu einer interessanten Geruchsquelle hinmöchte, um diese genauer zu erkunden. Was Sie loswerden wollen, ist ständiges, starkes Ziehen oder Zerren.

Alte Hunde nicht vergessen!

Die Welpenzeit ist etwas Besonderes – einerseits wunderbar, aber manchmal auch ein bisschen anstrengend. Im ersten Jahr gibt es zudem eine Reihe von Aktivitäten. Man besucht Kurse und trainiert dies und das. Junge Hunde haben keine Probleme mit anderen Hunden und sie können einem fast überallhin begleiten. Das Leben macht Spaß und es ist ständig etwas los.

Bald ist diese Zeit vorbei, aber es gibt weiterhin viele Aktivitäten, etwa Wettbewerbe, Kurse im Fährtensuchen, Gegenstände suchen und vieles mehr. Immer noch macht alles jede Menge Spaß.

Wenn der Hund sechs oder acht Jahre alt ist, gibt es keine Kurse mehr, die man mit ihm belegen könnte. Manche Hundebesitzer nehmen mit ihren Hunden noch an Wettbewerben teil – diese Hunde haben Glück. Die Auswahl an Aktivitäten, die Vereine und private Trainer für ältere Hunde anbieten, ist jedoch sehr klein, wenn es überhaupt ein Angebot gibt. Je älter der Hund wird, desto leerer wird sein Leben. Das „Rentenalter" bedeutet für die meisten Hunde, dass sie den Rest ihres Lebens ruhend oder schlafend verbringen. Das ist nicht in Ordnung!

Wenn Hunde sich zu Hause ruhig verhalten, zeigt das nicht, dass sie alt sind. Sie haben ihren Aktivitätslevel lediglich an das der übrigen Gruppenmitglieder angepasst. Mit zunehmender Graufärbung der Haare hört der Hund auf, Aktivitäten zu erwarten und darauf zu bestehen. Das bedeutet aber nicht, dass er sie nicht braucht. Vielleicht glauben Sie, zu wenig Zeit zu haben und dass Spaziergänge genug sind. Aber das ist absolut nicht so!

Hunde altern sehr langsam. Sie sind erst dann alt, wenn sie wirklich alt sind. Ihre körperlichen und geistigen Fähigkeiten lassen also nicht so allmählich nach, wie man meinen könnte. Keine Tierart würde sehr lang überleben, wenn ihre Fähigkeiten und ihre Energie nicht so lang wie möglich erhalten blieben. „Alter" sollte so spät wie möglich im Leben kommen.

Mittlerweile nimmt das Angebot an Kursen für ältere Hunde zu. Hier wird von dem alten Hund nicht zu viel verlangt und die für ihn so wichtige geistige und körperliche Stimulation geboten. Häufig stehen Physiotherapeuten mit Rat und Tat zu Seite und manchmal ist auch ein Tierarzt da, der die Hunde untersucht.

Diejenigen, die diese Kurse ausprobiert haben, sagen, dass sie für Trainer, Hundebesitzer und ältere Hunde etwas Wunderbares sind. Die Senioren verhalten sich wieder wie Welpen, zur Freude ihrer Besitzer.

Hundesenioren freuen sich über Aufgaben, die sie beschäftigen und ihnen eine Belohnung einbringen.

Umgang mit PROBLEMVERHALTEN

Über die Hälfte aller Hundebesitzer in westlichen Gesellschaften suchen Rat wegen Problemen mit Hunden. Viele Berater bieten auf diesem Gebiet ihre Dienste an, von Amateuren über qualifizierte Trainer und Tierverhaltensexperten bis hin zu Hundepsychologen. Sie alle haben jedoch unterschiedliche Ansätze beim Umgang mit Problemverhalten, was bedeutet, dass man kritisch sein muss, wenn man Hilfe sucht. Ich empfehle einmal mehr, nicht auf diejenigen zu hören, deren Ratschläge auf Bestrafung und Dominanz basieren. Ein konstruktiver Weg zu einer dauerhaften Lösung ist zu erwarten, wenn die Ratschläge darauf abzielen, die Gründe für das Problemverhalten zu finden.

Die Probleme, die Hundehalter dazu veranlassen, Hilfe zu suchen, können unterschiedlichster Art sein und von zu viel Bellen bis hin zum Angreifen von Menschen reichen. Es gibt so viele Probleme mit Hunden, wie das Alphabet Buchstaben hat – und viermal so viele Ratschläge dazu, wie sie sich beheben lassen.

Die Spalten in Hundezeitschriften sind voller Anleitungen zur Korrektur von Problemverhalten und auch in den meisten Hundebüchern gibt es Kapitel mit Trainingsmethoden, die der Lösung von Problemen dienen sollen. Experten, Freunde, Nachbarn und Fernsehsendungen sind ebenfalls bereitwillige Ratgeber.

Die meisten Ratschläge drehen sich auch hier wieder darum, die Symptome zu bekämpfen, etwa das übermäßige Bellen. Typischerweise beinhalten die Empfehlungen hier verschiedenste Formen der Bestrafung, etwa dem Hund Wasser ins Gesicht zu spritzen oder brutalere Methoden wie schlagen, kräftig an der Leine ziehen oder sogar der Einsatz von Elektrohalsbändern.

Eines ist sicher: Ein guter Hundepsychologe würde nicht einfach vorschnell mit irgendeinem Training beginnen. Er sieht sich erst das Problemverhalten als Symptom an und versucht dann, dessen Ursachen herauszufinden. Er führt dazu verschiedene Tests durch und beobachtet den Hund außerdem in unterschiedlichen Situationen. Anschließend erstellt er eine umfassende Analyse.

Es gibt so viele Ursachen für Problemverhalten. Sie reichen von Unterforderung über Muskelschmerzen bis hin zu schlechtem Sehvermögen. „Mangelnde Führungsqualitäten" wird man in der Diagnose eines Hundepsychologen nicht finden. Dafür gibt es zwei Gründe: Zum einen ist ein Hundebesitzer fast nie zu sanft – oft ist eher das Gegenteil der Fall. Zum anderen ist es weder konstruktiv noch ethisch vertretbar, das Problem des Hundes als Ergebnis der mangelnden Führungsqualitäten des Besitzers einzustufen. Das führt nur zu gröberem Umgang und verstärktem Kontrollieren des Hundes unter dem Deckmäntelchen „verbesserter Führungsqualitäten".

Die häufigsten Ursachen für Problemverhalten sind Unterforderung, Überforderung, Schmerzen, Störungen des hormonellen Gleichgewichts und posttraumatischer Stress (PTS). Viele Hundebesitzer verstärken das Problem noch zusätzlich, indem sie darauf mit Bestrafungen reagieren.

Scheue Hunde

Vor 40 Jahren wurde allgemein angenommen, dass Hunde, die Menschen gegenüber zurückhaltend waren oder Angst vor Fremden hatten, „nicht ganz richtig im Kopf" seien. Es überraschte mich immer, wenn Hundebesitzer mich um Hilfe mit Hunden baten, die ihrer Meinung nach verängstigt, scheu oder aggressiv reagierten, wenn sie auf Menschen trafen.

Tatsache ist, dass genau diese Hunde vor mir oder meinen Assistenten niemals Scheu zeigten. Die Hundebesitzer verstanden das nicht und kratzten sich am Kopf. „Das ist so typisch! Wenn ich zu Ihnen komme, zeigt mein Hund nicht, wie er wirklich ist!", sagten sie.

Ich konnte bei keinem dieser Hunde Ängstlichkeit oder Aggressivität feststellen. Sie reagierten lediglich auf bedrohliche Körpersignale von Menschen. Diese werden schon aus einigem Abstand gezeigt. Der erste Fehler ist, Blickkontakt mit dem Hund zu halten (Bedrohung). Dann gehen diese Menschen direkt auf den Hund zu (Bedrohung), beugen sich über ihn (Bedrohung) und streicheln ihn auf der Stirn in der Nähe der Augen (Bedrohung). Schließlich lächeln sie ihn noch freundlich an und zeigen ihm dabei eine Reihe weißer Zähne (Bedrohung).

All diese Signale sind kein Problem, wenn sie von Leuten kommen, die der Hund bereits kennt, etwa von Familienmitglie-

Hunde empfinden es als bedrohlich, wenn sie von oben in Augennähe gestreichelt werden.

dern. Wenn sie jedoch von fremden Menschen ausgesendet werden, könnte der Hund sie falsch verstehen, und die Probleme nehmen ihren Lauf.

Wenn jeder wüsste, wie man sich bei einem Zusammentreffen mit einem Hund richtig verhält, dann würde es wohl nur wenige verängstigte, scheue oder aggressive Hunde geben. Wer sich der körpersprachlichen Signale bewusst ist, die von Hunden als bedrohlich eingestuft werden, der kann seine Körpersprache einfach entsprechend ändern.

· Vermeiden Sie Augenkontakt.
· Gehen Sie nicht direkt auf einen Hund zu, sondern peilen Sie eine Stelle neben ihm an.
· Halten Sie kurz vor dem Hund an und gehen Sie mit abgewandtem Gesicht in die Hocke. (Das ist besonders bei kleinen Hunden wichtig.)

So kann der Hund entscheiden, ob er Ihnen Hallo sagen möchte – und die meisten Hunde werden das wollen, weil Sie so nett und höflich sind. Streicheln Sie den Hund anschließend an den Wangen oder unter dem Kinn und nicht auf der Stirn in Augennähe. Nun haben Sie einen neuen Freund!

Überforderung

Häufig wird fälschlicherweise angenommen, dass es den Hund überfordert, wenn er an zu vielen Aktivitäten beteiligt ist. Das würde jedoch nur zutreffen, wenn der Hund sich zwischen all diesen Aktivitäten gar nicht ausruhen und entspannen könnte. Damit das passiert, müssten Sie ihn über viele Stunden am Tag ständig beschäftigen. Kein Hundebesitzer hätte dafür genug Energie und Zeit.

Überforderung bedeutet, dass der Hund so häufig körperlich stark gefordert wird, dass sein Stresssystem sich nie erholen kann. Damit der Körper mit hohen physischen und geistigen Anforderungen zurechtkommt, müssen die Nebennieren durch Nervenimpulse dazu stimuliert werden, Stresshormone freizusetzen. Wenn es sich um kurze Phasen mit hohen Anforderungen handelt, werden Adrenalin und Noradrenalin freigesetzt. Bei längeren Phasen oder Phasen, in denen es häufig zu Stresssituationen kommt, steigt im Blut der Spiegel des negativen Stresshormons Cortisol (14).

Die wichtigste Aufgabe von Stresshormonen ist die Stärkung der Muskulatur, indem sie ihr „Treibstoff" in Form von Blutzucker, Sauerstoff und Fett zuführen.

· Blutzucker wird von der Leber freigesetzt.
· Die erhöhte Atemfrequenz steigert die Sauerstoffzufuhr.
· Fett wird von anderen Körperteilen freigesetzt.
· Zusätzliches Blut wird aus dem Bereich des Magens „geliehen".

All das zusammen steigert die Muskelkraft des Körpers um fast das Doppelte. Man kann dann schneller rennen, härter kämpfen und schwerere Dinge heben. Das war für den wilden „Cousin" unserer Hunde, den Wolf, schon immer wichtig, damit er ein Beutetier fangen und überwältigen konnte. Hunde sind Wölfen sehr ähnlich und funktionieren in dieser Hinsicht genauso.

STRESS BEIM SPIEL

Jedes Mal, wenn Sie einen Stock oder einen Ball werfen, dem der Hund nachjagen darf, ist das vergleichbar mit der Jagd auf ein Beutetier. Wenn Sie mit Ihrem Hund spielerisch rangeln, ähnelt das dem Kampf, den der Hund mit seiner Beute führt. Auch wenn Hunde untereinander in wilden Jagdspielen „Jäger und Beute" spielen oder miteinander rangeln, ahmen sie das nach, was in der Wildnis tatsächlich passiert. In all diesen Fällen werden Stresshormone freigesetzt. Hunde lieben diese wilden Spiele, weil sie ihrer Natur entsprechen. Die währenddessen auftretende Stressreaktion ist nach einigen Momenten der Ruhe wieder vergessen.

Und jetzt kommt der Haken: Stressreaktionen treten in der Wildnis seltener auf, weil es schwierig ist, ein Beutetier zu finden. Der Jagderfolg hängt zudem von der Jahreszeit ab. Im Frühling und Frühsommer töten Wölfe viel Kleinwild. Es ist leicht, Nahrung zu finden, und auch nicht besonders anstrengend. Im Winter müssen Wölfe nach größeren Beutetieren suchen und bei der Jagd viel mehr Einsatz bringen. Außerdem finden sie seltener etwas Jagdbares. Ihr gesamtes Stresssystem ist an ihre Lebensbedingungen angepasst. Unsere Haushunde sind genetisch ähnlich veranlagt.

Wenn Sie Ihren Hund jeden Tag lang und heftig spielen lassen, erhält sein Stresssystem niemals die Gelegenheit zur Erholung. Der Stresshormonlevel des Hundes ist dann erhöht, und das Risiko für Verhaltensprobleme steigt. Abhängig von der Art des wilden Spiels kann es bis zu zwei Tage dauern, bis sich der Körper des Hundes davon erholt hat. Natürlich sollten Hunde ab und zu mit ihren Besitzern oder mit ihren Kumpeln auf der Hundewiese toben dürfen. Aber achten Sie unbedingt darauf, es nicht zu übertreiben.

Unterforderung

In den frühen 1970er-Jahren erkannte ich erstmals, dass Hunde unterfordert sein können.

Wilde Renn- und Jagdspiele machen Spaß, steigern aber auch den Stresslevel des Hundes.

Ein Ehepaar hatte mich wegen seines dreijährigen Samojedenrüden konsultiert. Dieser Hund übertrieb es mit allem, was er tat. Schon seine Begrüßung war überschwänglich und anschließend begann er, auf mein Bein aufzureiten und mich zu beißen. Zunächst spielerisch, aber dann immer fester.

Schließlich bat ich das Paar, den Hund wegzunehmen, bevor Blut fließen würde. Dieser Hund war nicht zornig, er war nur heftig. Er wusste nicht, wohin mit all seiner Energie. Ich fragte die Besitzer, wie lange sie täglich mit ihm spazieren gingen. „Insgesamt etwa eine Stunde", war die Antwort.

Der Hund sprang herum und wollte sich gar nicht beruhigen, weshalb ich vorschlug, einen Spaziergang zu machen. Während des Spaziergangs versuchte ich, mehr über die täglichen Aktivitäten des Hundes herauszufinden. „Haben Sie einen umzäunten Garten?", fragte ich. „Nein, wir leben in einer Wohnung", antworteten die Besitzer. Ich begann zu überlegen: Dieser Hund hatte nicht genug Bewegung, das war offensichtlich. Aber was wurde ihm sonst noch angeboten, bei dem er Energie abbauen konnte? Kein Garten, nun ja … vielleicht gab es Aktivitäten in der Wohnung. Ich fragte weiter: „Wie viel spielen Sie zu Hause mit ihm?" – „Zu Hause?", gaben sie verwundert zurück, „Da haben wir nur ein Prinzip und ein Kommando, und das heißt: ,Geh in dein Körbchen!'"

Da wurde mir so einiges klar. Der Hund durfte drinnen nicht aktiv sein und musste all seine Energie draußen loswerden. Eine schnelle Rechnung ergab, dass der Hund pro Tag nur etwa eine Stunde plus ein paar Minuten beim Fressen, Begrüßen von Besuchern und Zur-Tür-Gehen vor dem Spaziergang aktiv war. Ich notierte mir auf meinem Protokoll: „1,5 Stunden Aktivität pro Tag". Die Rechnung war einfach: 1,5 Stunden von 24 Stunden Aktivität macht 22,5 Stunden erzwungene Passivität.

Kein Wunder, dass der Hund so übermäßig viel Energie hatte und sich nicht kontrollieren konnte. Wenn er endlich einmal die Gelegenheit bekam, etwas zu tun, explodierte er. Als ich das dem Ehepaar erklärte und die beiden begriffen, woher das Problem kam, wurden sie blass. Wir stellten sofort einen Beschäftigungsplan auf. Sie würden dem Hund von jetzt an durch lange Spaziergänge Bewegung verschaffen und ihn außerdem mit Aktivitäten in der Wohnung geistig fordern.

Nach 14 Tagen war der Hund „geheilt".

WERFEN SIE IHRE PRINZIPIEN ÜBER BORD!

Bei Hundehaltern ist ein eigenartiges Phänomen zu beobachten: Sie stellen Prinzipien auf. Der Hund darf nicht im Bett oder auf dem Sofa schlafen. Er darf sich beim Essen nicht in der Nähe des Esstischs aufhalten und er darf auch nicht an Menschen hochspringen, um diese zu begrüßen. Während der Spaziergänge darf er nicht zu lange an den Pinkelstellen anderer Hunde schnüffeln oder fremde Hunde begrüßen und er darf auch nicht so oft er möchte anhalten und pinkeln.

Nun ja, solche Prinzipien sind für Hunde selten gut. Natürlich müssen Hunde sich so benehmen, dass sie Menschen nicht ver-

UMGANG MIT PROBLEMVERHALTEN

Und was macht es schon, wenn der Hund ein ein klein wenig wild und ungestüm ist und so fröhlich im Haus herumrennt, dass er Staub auf- und Teppiche durcheinanderwirbelt? Sie können staubsaugen und die Teppiche wieder ordentlich hinlegen. Lassen Sie den Hund ruhig in allen Zimmern spielen. Er wird die Möbel nicht beschädigen. Er kann auch in Ihrer Nähe sein, wenn Sie am Tisch sitzen. Wenn Sie nicht möchten, dass er bettelt, geben Sie ihm einen Knochen oder etwas anderes, auf dem er herumkauen kann.

HUNDE GEHÖREN ZUR FAMILIE

Vergessen Sie nicht, Hunde sind wie Wölfe genetisch darauf programmiert, in Familienverbänden zu leben und gemeinsam mit den anderen Mitgliedern der Familie aktiv zu sein. Das bedeutet, dass Freundschaften, Gesellschaft, Sozialisierung, Kuscheln und Kooperation zu ihren natürlichen Bedürfnissen zählen, die unbedingt erfüllt werden sollten. Seien Sie sich bewusst, dass gemeinsame Aktivitäten mit der Familie für den Hund zum Leben dazugehören. Gehen Sie mit Ihrem Hund also nicht nur täglich lange spazieren, sondern erlauben Sie ihm auch, Sie zu Hause auf kurzen Wegen zu begleiten, etwa in den Waschraum oder zum Mülleimer. Das sind willkommene kleine Auflockerungen eines ansonsten langweiligen Tages. Wenn die Bedürfnisse eines Hundes erfüllt sind, wird er von sich aus müde und zufrieden sein. Anregungen für die geistige Beschäftigung Ihres Hundes finden Sie in zahlreichen Büchern (15).

Es spricht überhaupt nichts dagegen, dass ein Hund es sich auf dem Sofa gemütlich macht.

ärgern, aber viele Hundebesitzer gehen zu weit. Falls Sie also zu den Leuten mit festen Prinzipien gehören, schlage ich Ihnen vor, dass Sie Ihre Regeln auf den Prüfstand stellen. Hunde haben so ein kurzes Leben, und wir sollten ihnen daher ein bisschen mehr Freiheit gewähren und sie etwas weniger einschränken. Prinzipien sind auch häufig unnötig. Wo ist das Problem, wenn der Hund auf dem Sofa schläft? Sie können eine Decke dorthin legen, wo er es sich gemütlich machen möchte.

Langeweile – eine Qual für jeden Hund

Gelangweilte, das heißt unterforderte, Hunde neigen dazu, zerstörerisches oder lästiges Verhalten zu entwickeln, zum Beispiel Bellen, Dinge zerkauen und anderes. Sind Hunde über einen längeren Zeitraum unterfordert, können sie depressiv und apathisch werden. Studien an Ratten zeigen, dass die Hirnrinde unterforderter Tiere schrumpft. Bei Ratten, die entsprechend beschäftigt wurden, wuchs die Hirnrinde (7).

Eine schwedische Studie ergab, dass fast 40 Prozent aller Hunde im Land unterfordert sind (14). Diese Hunde ruhten mindestens 20 Stunden pro Tag. Problemverhalten trat bei ihnen häufiger auf als bei Hunden, deren Leben aktiver war.

Hunde sind davon abhängig, dass andere Gruppenmitglieder die Initiative ergreifen. Wenn niemand aus der Familie eine Aktivität beginnt, warten sie einfach darauf, dass etwas passiert. Außerdem wurde ihnen oft beigebracht, dass sie sich zu Hause „gut benehmen", sich also ruhig und still ver-

Das Erlernen von Tricks ist eine tolle Möglichkeit, Hunde geistig zu fordern.

halten müssen und nicht etwa ihre überschüssige Energie durch Bellen, wildes Spiel, Zerkauen von Dingen oder Ähnliches loswerden dürfen.

In einer gewöhnlichen menschlichen Familie, deren Mitglieder einen Großteil des Tages außer Haus sind, verbringt der Hund deshalb die meiste Zeit mit Ruhen und Warten darauf, dass jemand heimkommt und eine Aktivität beginnt. Oft bleibt jedoch nach der Arbeit wenig Zeit, denn es gibt noch andere Dinge zu tun. Die Aktivität ist dann vielleicht nur ein Spaziergang aus Pflichtbewusstsein. Anschließend ruht der Hund wieder.

Die „rechteckigen Dinge" im Haus sind die schlimmsten Feinde eines Hundes: Zeitung, Fernseher und Computer. Danach kommen Tätigkeiten wie Putzen, Kochen und diverse Outdoor-Aktivitäten und Hobbys. Die Zeit, die für den Hund übrig bleibt, schrumpft auf ein Minimum. Und der Hund wartet und wartet …

GIBT ES EIN ZUVIEL?

Es liegt in unserer Verantwortung, das Bedürfnis unseres Hundes nach Aktivität zu erfüllen. Spaziergänge sind toll, aber nicht genug. Der Hund muss geistig gefordert werden, und es gibt viele Kurse, die dazu verschiedenste Möglichkeiten bieten. Manche Leute werden Sie davor warnen, dass Sie Ihren Hund durch zu viel geistige und körperliche Beschäftigung stressen könnten. Damit das passiert, müssten Sie aber so viel Zeit aufbringen, wie es wohl den wenigsten Hundebesitzern möglich sein wird.

Bei Hunden, die tagsüber in einer Betreuungseinrichtung untergebracht sind, besteht das Risiko der Überforderung allerdings. Für sie kann es tatsächlich zu viel sein, wenn der Besitzer sie auch noch abends aktiviert. Wenn Sie den Eindruck haben, dass Ihr Hund müde ist, sollten Sie ihn selbstverständlich ausruhen lassen.

Eine Risikogruppe sind auch Hunde von Menschen mit zu viel Ehrgeiz, die mit ihnen an Wettbewerben teilnehmen oder es mit all den tollen Aktivitäten übertreiben. Das kommt aber selten vor. Das größte Problem ist und bleibt, dass zu viele Hunde zu viele Stunden pro Tag ruhen.

DIE VORTEILE GEISTIGER BESCHÄFTIGUNG

Geistige Beschäftigung regt die Frontallappen im vorderen Bereich des Gehirns an. Hier laufen auch die meisten unserer kognitiven Funktionen ab. Wir nutzen diesen Bereich zum Denken, um Dinge herauszufinden und um etwas zu lernen und zu verstehen.

Gedanken und Gefühle befinden sich, symbolisch gesprochen, auf der anderen Seite der Waagschale. Je mehr wir nachdenken, desto mehr werden unsere Emotionen gehemmt, und umgekehrt. Je stärker die Emotionen sind, desto weniger sind wir in der Lage, klar zu denken und Dinge herauszufinden. Vielleicht erinnern Sie sich an solche Momente, in denen Sie aufgebracht waren und nicht klar denken konnten. Nachdem Sie sich dann beruhigt hatten, wussten Sie sicher, was sie hätten sagen oder tun sollen.

Bei schönem Wetter machen Aktivitäten im Freien allen Spaß.

Bei Hunden ist es genauso. Intensive Gefühle „blockieren" ihr Gehirn. Der Hund kann dann nicht zuhören, er lernt nichts und er kann sich auch nicht entspannen. Indem Sie das wichtigste kognitive Zentrum des Gehirns, die Frontallappen, durch geistige Beschäftigung stimulieren, können Sie Ihrem Hund helfen, seine Gefühle zu kontrollieren. Mentales Training ist daher ein wichtiger Bestandteil jeder Therapie, die einem Hund helfen soll, seine Angst vor etwas zu bewältigen.

Bei jedem Wetter …

Das Wetter ist schön, der Himmel blau und kaum bewölkt, die Sonne scheint und die Temperatur ist angenehm. Das ist der perfekte Tag für einen Spaziergang mit dem Hund. Wir schnappen uns ein paar Leckerchen und eine Kottüte – und los geht´s. Es macht wirklich Spaß und ist ganz einfach, einen Hund zu haben. Wenn das Wetter jedoch schlecht ist, es regnet oder schneit, ist es ein Albtraum, auch nur daran zu denken, raus in den Matsch und die Nässe zu gehen. Außerdem müssen wir ja noch all diese dicken Klamotten anziehen. Jetzt vergessen wir die Leckerchen und die Kottüten, und der Hund zieht eifrig an der Leine. An solchen Tagen werden viele den Gedanken nicht los, dass der Hund eine Last ist.

Hunde müssen aber bei jedem Wetter raus – denn dort ist ihre Toilette. Und auch die meisten täglichen Aktivitäten finden draußen statt: Bewegung, schnüffeln, andere Hunde treffen und viele weitere Erlebnisse. Jeder Hundebesitzer weiß von Anfang an, dass es zu den Grundrechten eines Hundes zählt, nach draußen zu dürfen. Es ist also unsere Pflicht, für die täglichen Spaziergänge zu sorgen. Selbstverständlich dürfen diese bei Regen etwas kürzer ausfallen, solange Aktivitäten zu Hause für Ausgleich sorgen. Genau wie Menschen gehen auch viele Hunde nicht besonders gern in den Regen, anderen hingegen scheint es gar nichts auszumachen, dass sie nass werden. Falls Ihr Hund schlechtes Wetter nicht mag, sollten Sie ihm vielleicht einen Regenmantel kaufen.

BEWEGUNG STEIGERT DAS WOHLBEFINDEN

Bewegung ist wie Medizin und wird mittlerweile sogar von Ärzten verordnet. Sie tut jedermann gut, nicht nur Hunden. Dabei werden Endorphine freigesetzt, die einerseits stimmungsaufhellend und andererseits schmerzlindernd wirken. Erwiesenermaßen kann Bewegung zur Besserung von Rückenleiden beitragen, Herz- und Gefäßerkrankungen vorbeugen, die Nahrungsverwertung optimieren und das Immunsystem stärken. Sie verbessert außerdem die Lebensqualität und erhöht die Lebenserwartung.

Leider können sich Tiere nicht beklagen, und so können Hunde auch nicht ihr Recht auf die Spaziergänge einfordern, die sie für ihr Wohlbefinden brauchen. Sie sind vielmehr so enorm anpassungsbereit, dass sie lange Ruhephasen ohne körperliche oder geistige Stimulation einfach hinnehmen. In der Folge entwickeln viele Hunde Problemverhalten aufgrund von überschüssiger Energie.

Wenn Sie den Eindruck haben, dass Sie nicht genug Zeit aufbringen können, um mit dem Hund draußen spazieren zu gehen, dann sollten Sie vielleicht darüber nachdenken, ihn an eine Familie abzugeben, die die Zeit und Energie hat, um seine Bedürfnisse zu erfüllen. Natürlich gibt es alternativ auch Betreuungseinrichtungen für Hunde oder die Möglichkeit, jemanden für Spaziergänge mit dem Hund zu engagieren, etwa einen Jugendlichen oder einen Rentner. Viele Leute übernehmen solche Zusatzjobs gern.

Auch wenn's schwerfällt ...

Tägliche Bewegung ist Pflicht! Ihre eigene Bequemlichkeit darf nie wichtiger sein als die Bedürfnisse des Hundes!

Gefährliche Hundehalsbänder

Traditionell verwenden viele Hundehalter ein Halsband und eine Leine, um ihren Hund unter Kontrolle zu halten. Seit den 1950er-Jahren hat die Zahl der angebotenen Hundetrainingskurse zugenommen, und die verbreitetste Methode, um dem Hund Gehorsam beizubringen, waren lange Zeit heftige Rucke an der Leine. Sie wurden in allen möglichen Trainingssituationen angewendet. Man dachte, dass Hunde schneller lernen würden zu gehorchen, wenn man ihnen Schmerzen zufügt. Bald waren auch Würgehalsbänder erhältlich, die als besonders effektive Werkzeuge beim Gehorsamstraining galten. Nur wenige Leute erkannten, dass das eine schlechte Methode war und ist, die dem Hund wirklich Schaden zufügen kann.

HALS UND KEHLE SIND EMPFINDLICH

Bei meiner Arbeit mit Problemhunden erkannte ich früh, dass Verletzungen und Krankheiten häufig die wahre Ursache von Problemverhalten waren. Diese Erkenntnis führte dazu, dass ich in den 1970er-Jahren begann, mit Physiotherapeuten zusammenzuarbeiten, und diese Kooperation schnell ausbaute. Viele dieser Experten wiesen darauf hin, dass der Einsatz von Halsbändern, insbesondere Würgehalsbändern, riskant und wirklich schädlich für Hunde ist.

Verletzungen an der Halswirbelsäule treten häufig auf, wenn der Hundebesitzer oder der Hund heftig an der Leine zieht. In meiner Studie im Jahr 1994 zeigte sich, dass ein Viertel der Hunde an Schäden im Halsbereich litten (11). Bald wurden noch mehr beunruhigende Fakten enthüllt. Der norwegische Tierarzt Are Thoresen untersuchte den Hals von 350 Hunden, die aus verschiedensten Gründen in seine Praxis kamen. Er stellte fest, dass 78 Prozent von ihnen Verletzungen in diesem Bereich aufwiesen, und fast alle diese Hunde trugen Halsbänder.

Machen Sie ein Experiment, und drücken Sie fest auf Ihre eigene Kehle, dann werden Sie vielleicht nachvollziehen können, wie es sich für einen Hund anfühlt, wenn ein Halsband, oder schlimmer noch ein Würgehalsband, starken Druck auf seine Kehle ausübt. Dieser Bereich ist äußerst empfindlich, und ich frage mich immer wieder, wie häufig wohl schon durch den ständig wiederholten Druck eines Halsbands ein Trachealkollaps (Zusammenfallen der Luftröhre) verursacht wurde.

Wenn das Halsband starken Druck auf den Hals ausübt, spannen sich die Muskeln reflexhaft an. Besonders deutlich wird das beim Einsatz eines Würgehalsbands, das auf mehrere Muskeln drückt. Durch die erhöhte Spannung wird der normale Blutfluss zum Gehirn unterdrückt. Passiert das bei einem Menschen, sind Spannungskopfschmerzen die Folge. Hunden geht es höchstwahrscheinlich genauso. Es sind mehrere Fälle bekannt, in denen das Problemverhalten eines Hundes nachließ oder ganz verschwand, nachdem ein Geschirr statt eines Halsbands zum Einsatz kam und der Halsbereich des Hundes massiert wurde.

Hinter den Muskeln im Hals- und Kehlbereich liegen empfindliche Nerven eingebettet. Werden diese Muskeln starkem oder wiederholtem Druck ausgesetzt, können sie anschwellen und die darunterliegenden Nerven reizen. Der empfindlichste davon ist der Trigeminusnerv, dessen Enden in drei Bereiche des Gesichts hineinreichen. Druck auf diesen Nerv kann entsetzliche Schmerzen verursachen.

Beidseits der Luftröhre unterhalb des Kehlkopfes liegt die Schilddrüse. Es besteht der Verdacht, dass sie durch den Druck eines Halsbands, insbesondere eines Würgehalsbands, Schaden nehmen kann. Der Grund dafür ist noch nicht vollständig geklärt (39). In einer Studie wurden Menschen untersucht, die Opfer eines Unfalls geworden waren (8). Dabei wurde festgestellt, dass durch den über den Hals verlaufenden Autosicherheitsgurt Schäden an der Schilddrüse verursacht werden können. Bei Hunden drückt das Halsband auf den gleichen Bereich, was ein möglicher Risikofaktor ist.

Heftiges Ziehen kann zu einem Schleudertrauma führen, egal, an welchem Halsband gezogen wird. Was dies betrifft, sind Hunde ebenso empfindlich wie Menschen. Wie schlimm die Folgen sind, hängt vom Gewicht des Kopfes in Relation zur Halslänge und von der Wucht des Rucks ab.

Druck im Hals- und Kehlbereich erhöht zeitweilig den Augeninnendruck. Wenn Hunde an der Leine ziehen oder der Besitzer daran zieht oder ruckt, können die Augen des Hundes durch diesen wiederholten Druck geschädigt werden (30). Hunde mit Augenerkrankungen oder Hunde, die an einem oder beiden Augen operiert wurden, sollten definitiv kein Halsband, sondern stattdessen ein Geschirr tragen.

ERZIEHUNGSHALSBÄNDER SIND FURCHTBAR

Immer wieder sieht man auch in Fernsehsendungen Trainer, die ein dünnes Halsband hoch hinter den Ohren des Hundes platzieren. Wenn man bei so einem Halsband an der Leine ruckt, wird das dem Hund sehr wehtun. Das ist der Grund, warum

Hunde sollten von Anfang an am Geschirr statt an einem Halsband geführt werden. (Foto: Maurer)

Für eine gute Sozialsierung ist es wichtig, dass Welpen frei mit anderen Hunden laufen und spielen dürfen.

diese Halsbänder als „effizienter" gelten. Dennoch ist es selbstverständlich inakzeptabel, Hunde zu trainieren, indem man ihnen Schmerzen zufügt. Schon gar nicht aus ethischer Sicht. Wenn die Muskeln im Bereich des Halsbands anschwellen, kann das dem Hund chronische Schmerzen verursachen. Darüber hinaus sitzt diese Art dünner Halsbänder hinter der Kehle nahe des Zungenbeins, das brechen kann, wenn an der Leine geruckt oder zu fest gezogen wird.

LEINENRUCKE SIND TABU!

Leinenrucke sind ein beliebtes Mittel zur schnellen Problemlösung, aber sie sind schlimm und gefährlich. Dennoch scheint diese jahrhundertealte Methode nicht verschwinden zu wollen, trotz aller verfügbaren Beweise, die seit nahezu zwei Jahrzehnten dagegensprechen. Stattdessen wird ihr durch Fernsehsendungen Vorschub geleistet, und auch viele Hundeschulen und Trainer setzen sie noch ein. Befürworter dieser

Art des Trainings erkennen seine Gefährlichkeit nicht an. Wir müssen dafür sorgen, dass sich herumspricht, wie man Hunde ohne Ziehen und Rucken trainiert, und dass Hunde viel lieber ein Geschirr statt eines Halsbands tragen sollten.

Hunde, die andere Hunde nicht mögen

Früher kam es relativ selten vor, dass Hunde andere Hunde angriffen oder ihnen gegenüber Zeichen von Aggression zeigten. Heute jedoch ist genau das ein häufiges Problemverhalten, das sehr viele Hundebesitzer Hilfe bei Hundepsychologen und -trainern suchen lässt. Man muss sich fragen, warum das so ist.

Manche trauen ihrem Hund nicht, wenn dieser sich in der Nähe eines Artgenossen befindet. Sie haben Angst, dass ihr Hund den anderen angreift oder beißt. Andere hingegen haben Angst, dass ihr eigener Hund angegriffen, verängstigt oder gemobbt wird.

Unglücklicherweise gibt es derart aggressive Hunde tatsächlich, und manchmal haben sie Besitzer, denen die Sicherheit anderer egal ist und die ihre Hunde frei laufen lassen.

FRÜHE SOZIALISIERUNG BEUGT VOR

Leider dürfen viele Welpen nicht frei mit anderen Hunden laufen. Es gibt sogar Welpenstunden, in denen die Welpen nicht frei laufen, miteinander spielen und den richtigen Umgang miteinander lernen dürfen. Es ist aber von entscheidender Bedeutung, dass Welpen lernen, auf sozialer Ebene richtig mit anderen zu interagieren.

Außerdem ist es wichtig, dass kein erwachsener Hund den Welpen einschüchtert. Es gibt Leute, die behaupten, es wäre ganz natürlich, dass Mutterhündinnen und ältere Hunde Welpen zu Boden drücken, um sie zu unterwerfen. Das ist ein Irrglaube, auch in Bezug auf Wölfe! Es ist nicht natürlich und auch nicht gut. So wie der Welpe von Hunden und Menschen behandelt wird, so wird er sich später im Leben auch Hunden und Menschen gegenüber verhalten (5, 18).

MÖGLICHE URSACHEN

In Ländern, in denen Hunde frei laufen, sind Kämpfe unter Hunden selten. Nehmen wir als Beispiel viele südeuropäische Länder, in denen Hunde frei umherstreifen. Ihre soziale Interaktion verläuft größtenteils konfliktfrei. Unsere Hunde werden hingegen für gewöhnlich an der Leine geführt, was leider das Risiko für Aggression erhöhen kann. Wenn Hunde Artgenossen nicht begrüßen dürfen, frustriert sie das. Letztlich wird aus dieser Frustration Zorn, der sich gegen alle Hunde richtet, denen sie begegnen. Außerdem haben angeleinte Hunde oft das Gefühl, dass ihr Besitzer am anderen Ende der Leine ihr „kriminelles" Verhalten unterstützt. Wenn der Besitzer dann brüllt oder an der Leine ruckt oder zieht, steigt der Stresslevel auf ein Maximum. Polizeihunde werden auf ähnliche Weise trainiert. Sie werden mit festem Griff am Halsband zurückgehalten, während ihr Hundeführer brüllt und den Hund gegen einen Figuranten aufbringt, der so tut, als wäre er aggressiv.

Schmerzen sind eine weitere häufige Ursache. Es kommt häufiger vor, als Sie denken, dass Ihr Tier irgendwelche Schmerzen hat, und gerade chronische Schmerzen sind leider besonders schwer zu erkennen. Probleme, die mit dem Bewegungsapparat zu tun haben, also mit der Muskulatur, den Gelenken und dem Rücken, sind am häufigsten. Die Wahrscheinlichkeit, dass einen Hund irgendwann einmal Rückenschmerzen plagen, ist so groß wie bei Menschen und liegt bei etwa 60 Prozent. Die Ursache dafür sind bei Hunden meist geringfügige Muskelverletzungen, die sie bei wilden Spielen oder Unfällen davontragen (11).

Wieder muss ich davor warnen, bei einem Problemverhalten die Hilfe von jemandem anzunehmen, der den Hund für die Symptome, also das Verhalten, bestraft. Strafen bringen nur eine kurzzeitige Besserung. Durch entsprechend harte Korrekturen wird der Hund passiv, unterwürfig und unglücklich. Leider wird das Bestrafen in bestimmten Fernsehsendungen propagiert, was dazu führt, dass Hundebesitzer ihre Hunde mehr oder weniger hemmungslos

Freundschaften zwischen kleinen und großen Hunden können gut funktionieren, wenn die großen nicht zu grob sind.

bestrafen und sich ihnen gegenüber autoritär verhalten.

Die Symptome, also das Problemverhalten, zu behandeln, ohne die Ursache zu kennen, ist nicht nur uneffektiv, sondern auch unethisch!

Probleme zwischen kleinen und großen Hunden

Es stimmt, dass kleine Hunde häufig mehr bellen und mutiger und frecher scheinen als große Hunde. Der Grund dafür ist aber nicht der allgemein angenommene.

Aus Sicht eines kleinen Hundes sind fast alle anderen viel größer, und er fühlt sich ihnen unterlegen. Die Kleinen, die „frech" und provozierend scheinen, sind in Wahrheit nur unsicher und haben tief im Inneren Angst. Sie trauen anderen nicht und versuchen daher, sich Respekt zu verschaffen, indem sie zeigen, dass sie bestimmt nicht den Rückzug antreten würden, wenn man sie bedroht. Sie versuchen, immer einen Schritt voraus zu sein, andere Hunde einzuschüchtern und sie davon abzuhalten, sie herauszufordern. Man sollte einen kleinen Hund niemals dazu zwingen, andere Hunde zu begrüßen. Das würde ihn nur noch ängstlicher und unsicherer machen.

Das Schlimmste, was Sie tun können, ist, einen kleinen Hund zu bestrafen, wenn er einen größeren Hund anbellt. Damit würden Sie den kleinen Hund seiner einzigen Verteidigungsmöglichkeit berauben. Stattdessen könnten Sie anhalten und den Hund beruhigen. Geben Sie ihm ein Extraleckerchen und bitten Sie den Besitzer des größeren Hundes, Abstand zu halten. Schon bald wird Ihr kleiner Hund feststellen, dass er sich keine Sorgen machen muss. Läuft der große Hund frei und rennt zu Ihrem Hund hin, können Sie ihn wegscheuchen oder, noch besser, ihm ein paar Leckerchen hinwerfen. Die meisten Hunde werden dann anhalten und nach den Leckerchen am Boden suchen.

Am besten planen Sie gezielt Trainingseinheiten mit großen Hunden. Verabreden Sie sich mit jemandem, der einen größeren, aber sehr ruhigen und netten Hund hat, den Ihr kleiner Hund kennenlernen und mit dem er später auch spielen kann. Am besten ist es, wenn der große Hund dem kleineren zunächst nicht besonders viel Beachtung schenkt. Unternehmen Sie lange gemeinsame Spaziergänge, damit die beiden Freunde werden können. Wenn das geklappt hat, können Sie dasselbe mit einem anderen großen Hund wiederholen. Danach fällt es kleinen Hunden in der Regel viel leichter, große Hunde zu akzeptieren. Wenn der kleine Hund bereits einige größere Freunde hat, kann man ihn mit diesen auch spielen lassen, aber nur, wenn die großen Hunde nicht zu grob spielen. Kleine Hunde können bei rauem Spiel leicht verletzt werden.

Übermäßiges Bellen

Mein Hund und ich hatten gerade die Hauptstraße überquert und waren in eine ruhige Seitenstraße eingebogen, als ein Auto vor der Kreuzung abbremste. Aus dem Auto drang erregtes Bellen, und der Aufruhr im

Inneren schien das Auto förmlich erbeben zu lassen. Es war ein großer Hund, der da bellte und sich gegen die Fenster warf. Offensichtlich versuchte er, zu meinem Hund zu gelangen. Ich hörte, wie die Besitzer ihn drohend anbrüllten, um ihn zur Ruhe zu bringen.

Das Gehirn eines aufgebrachten Hundes ist für ankommende Reize jedoch blockiert. Laute, erregende Geräusche wie Brüllen können zwar durchdringen, aber nur in primitiver Form. Das, was tatsächlich durchkommt, gelangt in das sogenannte limbische System, das emotionale Zentrum des Gehirns. Das Brüllen wird die Stressreaktion eines Hundes nur verstärken. Wenn Sie Ihren Hund anschreien, gießen Sie also Öl ins Feuer.

Wieder ist es sinnlos, das Problem durch auf Bestrafung basierenden Methoden, die eine schnelle Lösung versprechen, beheben zu wollen.

BELLEN IM AUTO

Es ist nicht schwierig, einem Hund beizubringen, dass er im Auto nicht bellen soll. Sie müssen nur ein Training planen, das auf der Belohnung eines Alternativverhaltens, nämlich Ruhigsein, basiert. Wenn die Übungen über einen längeren Zeitraum systematisch durchgeführt werden, stellt sich der Erfolg schneller ein, als Sie vielleicht erwarten. Stellen Sie also einen Plan auf, der einen positiven Weg verfolgt, um dem Hund das Bellen im Auto abzugewöhnen. Dabei geht es nicht darum, dass Sie Ihren Hund ins Auto setzen und so lange umherfahren sollen, bis Sie irgendwo auf der Straße einen Hund sehen. Sie können nicht gleichzeitig am Steuer sitzen und Ihren Hund trainieren. Sie müssen die entsprechende Situation arrangieren und dabei Extraleckerchen parat haben.

Bitten Sie jemanden, sich mit seinem Hund in einem ruhigen Gebiet aufzustellen. Fahren Sie dorthin und parken Sie in ausreichendem Abstand, um sicherzustellen, dass Ihr Hund nicht bellt, wenn er den anderen Hund erspäht. Der andere Hund sollte sich erst dann nähern, wenn Sie ein Zeichen gegeben haben. Behalten Sie Ihren Hund im Auge und geben Sie der Person dann das verabredete Zeichen, dass sie und der Hund einige Schritte näher kommen können.

Direkt, wenn Ihr Hund den anderen Hund bemerkt und beginnt, sich anzuspannen, loben Sie ihn mit beruhigender Stimme und

Scheinbar grundloses Bellen im Auto

Manche Hunde bellen und jaulen im Auto anscheinend aus purer Aufregung. Wenn das der Fall ist, sollten Sie den Hund vor einer Autofahrt geistig fordern und einen Spaziergang mit ihm machen. Geben Sie ihm außerdem im Auto einen Kauknochen oder etwas anderes, womit er sich beschäftigen kann.

geben ihm ein Leckerchen – und dann noch eins und noch eins. Wenn Ihr Hund sich wieder entspannt, können Sie der Person mit dem anderen Hund erneut das Zeichen dafür geben, dass sie sich noch ein kleines Stück nähern kann. Die Person sollte ihrem Hund ebenfalls ein Leckerchen geben, und zwar so, dass Ihr Hund das sieht. Das kann sich bei Ihrem Hund positiv auswirken. Jetzt loben Sie Ihren Hund und geben ihm mehrmals einige Leckerchen, bevor der andere Hundebesitzer sich Stück für Stück weiter nähert.

Beginnt Ihr Hund zu bellen, sind Sie zu schnell vorgegangen und müssen noch einmal neu aus größerem Abstand beginnen. Sie können diese Übung in der Regel nach wenigen Trainingseinheiten erfolgreich abschließen. Danach brauchen Sie noch ein paar mehr Helfer mit Hunden, bis Ihr Hund anfängt, das Prinzip zu verstehen. In einigen Fällen kann es länger dauern, aber verzweifeln Sie nicht. Beginnen Sie einfach immer wieder aus einer größeren Entfernung.

Auf diese Weise können Sie Ihrem Hund Stück für Stück beibringen, dass sich ein Artgenosse immer weiter nähert – aber nicht zu nah kommt. Wenn es nach einiger Zeit möglich ist, dass ein anderer Hund in einigen Metern Abstand an Ihrem Auto vorbeigeht, ohne dass Ihr Hund bellt, ist das völlig ausreichend. Würde der andere Hund direkt zum Auto hinkommen, wäre das zu provokant. So etwas muss gesondert trainiert werden.

Sollten Sie nicht den gewünschten Erfolg haben, kann es hilfreich sein, einen Hundepsychologen zu kontaktieren, der nach den Ursachen für das Problem forscht. Wer weiß, vielleicht reagiert Ihr Hund aufgrund von Schmerzen, Sehproblemen, einer hormonellen Störung oder etwas anderem besonders gereizt.

BELLEN AN DER TÜR

Die meisten Hunde bellen, wenn jemand an der Tür klingelt oder klopft. Das ist einfach ihre Art, dem Rest der Familie grundlegende Informationen mitzuteilen. Aber manchmal übertreiben sie es vielleicht ein bisschen …

Wenn ein Hund an der Tür heftig bellt, reagiert der Besitzer normalerweise, indem er versucht, ihn zur Ruhe zu bringen, und dabei selbst lauter wird als der Hund. Doch dieser bellt daraufhin nur noch mehr.

Kündigt sich ein Besucher durch Klopfen an der Tür oder Klingeln an, bellt der Hund, um allen zu sagen: „Hey, da draußen ist jemand an der Tür!" Das Bellen ist ein Warnsignal und soll die anderen Familienmitglieder zusammenrufen, damit sie gemeinsam das Haus bewachen können. Und genau das tun wir in den Augen des Hundes, wenn wir unsere Stimme zornig erheben und ihn damit eigentlich zur Ruhe bringen wollen. Wir reagieren in diesem Moment genau so, wie es der Hund erwartet. Wir kommen angelaufen und beteiligen uns am Gebell und dem Bewachen des Hauses. Oder anders gesagt: Wir verstärken das Verhalten, dem wir doch eigentlich ein Ende bereiten wollen!

Ein Hund wird viel weniger bellen, wenn er sich auf Besuch freut. Sie können Ihrem Hund leicht beibringen, so zu reagieren. Sie brauchen es nur zu schaffen, dass er die

Türklingel mit etwas Positivem verbindet, und schon wird er weniger bellen und sein Beschützerverhalten einschränken.

Stellen Sie dazu sicher, dass jeder, auch Familienmitglieder, anklopft oder klingelt, bevor er eintritt. Der gerade Hereingekommene sollte dem Hund dann gleich ein Leckerchen geben. Gäste sollte man vor dem Eintreten darauf hinweisen, dass Sie zur Seite und nicht in die Augen des Hundes schauen sollen, während sie ihm das Leckerchen reichen. Sie können einen kleinen Karton mit Leckerchen neben der Haustür aufstellen, aus der sich jeder Besucher bedienen kann. Laden Sie zu Trainingszwecken auch ruhig häufiger Gäste ein als sonst üblich.

Sollte der Hund sich bei Besuch sehr aufregen und es mit der Begrüßung übertreiben, ist es eine gute Idee, dem Gast eine mit Leckerchen gefüllte Toilettenpapierrolle zu geben, die er dem Hund überreichen kann. Der Hund wird sich damit beschäftigen, wodurch er etwas von seiner Energie abbauen kann.

Auch ein gesund wirkender Hund kann krank sein

Zu den häufigsten Ursachen für ernste Verhaltensprobleme bei Hunden zählen Krankheiten und Schmerzen. Die Verbindung ist nicht immer leicht zu erkennen. Der Hund erscheint gesund, zeigt aber problematisches Verhalten. Leider wird Hundehaltern auch in diesen Fällen sehr häufig geraten, den Problemhund besser unter Kontrolle zu bringen und ihm zu „zeigen, wer der Chef ist".

Auch der Besitzer eines schwierigen zweijährigen Deutschen Schäferhundes erhielt zunächst diesen Rat, suchte dann aber einen Tierarzt auf, der sich die Zeit nahm, die Ursache herauszufinden. Er stellte fest, dass ein Haar das Trommelfell des Hundes irritierte. Ein weiterer Fall ist der einer aggressiven Jack-Russell-Hündin. Sie litt an einer ernsten Knieverletzung, die erst nach über zwei Jahren und Besuchen bei mehreren Tierärzten diagnostiziert wurde.

Es ist manchmal schwer herauszufinden, was einem Hund fehlt, denn er kann nicht sagen, wie es ihm geht. Im Gegensatz zu Menschen können Hunde Schmerz nicht über Gesichtsausdrücke mitteilen. Sie beklagen sich nicht über chronische Schmerzen. Wenn Sie tatsächlich Schmerz äußern, sind sie schwer verletzt, etwa durch einen Unfall. Bei einem gebrochenen Bein sieht man natürlich, dass der Hund humpelt.

Kranke Hunde ziehen sich oft zurück und scheinen ihre Ruhe haben zu wollen. Es kann sein, dass sie in Situationen, in denen sie das zuvor nicht getan haben, ungehalten und mit Knurren reagieren. Möglicherweise wollen sie nicht auf das Sofa oder ins Auto springen. Und wenn man genau hinsieht, kann man auch an den Augen eines Hundes erkennen, ob er Schmerzen hat. Es ist daher wichtig, dass wir immer genau hinsehen und uns darüber bewusst sind, dass unser Hund krank sein könnte, auch wenn er auf den ersten Blick gesund wirkt.

Wenn Sie bei Ihrem Hund ein Problemverhalten beobachten und einen Tierarzt zurate ziehen wollen, sollten Sie unbedingt alles aufschreiben, was Symptome oder Anzeichen einer Krankheit sein könnten. Diese Liste kann dem Tierarzt helfen, an der richtigen Stelle nach Problemen zu suchen. Symptome könnten Juckreiz, Kratzen, veränderter Appetit, zu trockener oder zu weicher Kot, zu häufiges Pinkeln, Humpeln, Nicht-hochspringen-Wollen oder jegliche andere für Ihren Hund ungewöhnliche Dinge sein.

Genau das tut auch ein gut ausgebildeter Hundepsychologe. Er erstellt gemeinsam mit dem Hundebesitzer eine sorgfältige „Schmerzanalyse". Diese beinhaltet das Identifizieren bestimmter Verhaltensweisen,

Löcher buddeln kann zu schmerzhaftem Muskelkater führen.

Ein bisschen Statistik

Statistiken zeigen, dass ein ansonsten gesunder, fünf Jahre alter Hund unter diesen Problemen leiden könnte:

- *Schmerzen durch Arthrose: 50-prozentige Wahrscheinlichkeit laut „Patientföreningen Hundartros" (schwedische Gesellschaft für Arthrose bei Hunden)*
- *Rückenprobleme: 60-prozentige Wahrscheinlichkeit (11)*
- *Zahnprobleme irgendwelcher Art: 70-prozentige Wahrscheinlichkeit (4)*
- *Rassebedingte Erkrankungen: 0- bis 50-prozentige Wahrscheinlichkeit (je nach Rasse)*
- *Alte oder neue Muskelverletzung: 75-prozentige Wahrscheinlichkeit*
- *Augen- und Sehprobleme: Wahrscheinlichkeit unbekannt. Dem amerikanischen Tierarzt Dr. Michael Brinkman zufolge könnten diese Probleme häufig sein (6)*
- *Andere Krankheiten und Verletzungen: Wahrscheinlichkeit unbekannt, aber vermutlich hoch*

die Anzeichen für Schmerzen sein können. Wenn der Hund das Problemverhalten beispielsweise von Tag zu Tag unterschiedlich ausgeprägt zeigt, könnte das auf Muskel- oder Gelenkschmerzen hindeuten.

Niemand, egal welche Ausbildung er hat, kann mit Sicherheit sagen, dass ein Hund gesund ist! Wenn Sie eine solche Aussage hören, ist sie wahrscheinlich falsch. Man kann nur sagen, dass keine Krankheit erkannt wurde – und das wiederum hängt davon ab, wie genau man hinsieht.

MUSKELPROBLEME

Aufbau und Funktion der Muskulatur sind bei Menschen und Hunden vergleichbar. Die meisten Menschen wissen, welche Schmerzen eine Muskelzerrung und die darauf folgende Entzündungsreaktion verursachen können, und sie wissen auch, wie steif man sich nach Anstrengung oder auch nach längeren Ruhephasen fühlen kann. Das lässt sich auf Hunde übertragen.

Bei meiner langjährigen Arbeit mit Hunden habe ich viele Fälle gesehen, bei denen Schmerzen die Hauptursache des Problemverhaltens waren. Am häufigsten sind es Schmerzen, die vom Bewegungsapparat ausgehen, verursacht durch Muskel-, Gelenk- oder Rückenprobleme.

Muskelprobleme können viele Ursachen haben. Möglich sind eine Muskelentzündung, eine Sehnen- oder Muskelzerrung nach einem hohen Sprung oder nach einem wilden Spiel mit einem anderen Hund, Muskelkater nach einem anstrengenden Spaziergang in schwierigem Gelände oder

Hunde, die an Agility-Wettbewerben teilnehmen, werden meistens vorbildlich aufgewärmt.

erschöpfte Muskeln nach dem Graben von Löchern im Garten. Die Probleme können von einem einzigen Muskel oder einer Muskelgruppe ausgehen. Beine und Hals sind jedoch am häufigsten betroffen.

In einem Bericht, der vor einiger Zeit in einer Nachrichtensendung im schwedischen Fernsehen lief, wurde gesagt, dass 90 Prozent aller Sportler irgendwann in ihrer Karriere an einer Muskelverletzung leiden. Und die Karriere eines Sportlers dauert im Durchschnitt zwischen 10 und 15

Jahre. Muskel- und Gelenkprobleme sind auch die häufigste Ursache, warum Leute in Schweden krankgeschrieben werden, dicht gefolgt von psychischen Problemen wie Stress.

Hunde, vor allem die jungen, sind echte „Athleten". Sie rennen mit Höchstgeschwindigkeit, stoppen abrupt und springen in die Luft. Das Verletzungsrisiko ist hoch, vor allem, wenn man bedenkt, dass die meisten Hunde sich nicht mal aufwärmen, bevor sie quasi „explodieren". Jagdhunde können beispielsweise direkt nachdem sie aus dem Auto gelassen wurden, in Höchstgeschwindigkeit über unebenes Gelände rennen.

Aufwärmen und Dehnen auch für Hunde

Hunde, die schnell und heftig spielen, verbrauchen so viel körperliche Energie wie ein Fußballspieler. Der Unterschied ist, dass sich Fußballspieler vor dem Spiel aufwärmen und anschließend ihre Muskulatur dehnen. Hunde sollten das vor und nach jeder starken körperlichen Anstrengung ebenfalls tun. Hundebesitzer, die mit ihrem Hund Agility trainieren und an Wettbewerben teilnehmen, sind hier gute Vorbilder, weil sie in der Regel gut auf die Muskulatur ihres Hundes achten.

Hunde überanstrengen sich leicht, wenn ihnen etwas besonders Spaß macht. Sie vergessen dann alles andere und geben in dem Moment 100 Prozent. Wenn sie gerade richtig Spaß haben, blenden sie eventuelle Schmerzen aus, sofern diese nicht äußerst heftig sind. Erst später, wenn sie wieder zur Ruhe gefunden haben, spüren sie die Schmerzen. Ein Greyhound holte sich während des Rennens eine Zerrung im Fuß, aber obwohl die Verletzung ziemlich schlimm war, begann der Hund erst fünf Minuten nach dem Rennen zu humpeln und konnte dann bald gar nicht mehr laufen.

Viele Hunde lernen, Stress als Schmerzmittel zu nutzen. Stress nimmt zeitweise Schmerzen, und so werden manche Hunde nur deshalb überaktiv, weil sie den Schmerz loswerden wollen. Das jedoch verhindert auch, dass eine Muskelverletzung heilen kann. Wenn ein Hund Stress als Schmerzmittel benutzt, wird der Muskel gleich mehrfach überbeansprucht.

Dasselbe passiert, wenn man seinen Hund mit einem Artgenossen spielen lässt oder ihm auf andere Weise erlaubt, sich zu überanstrengen, bevor die Verletzung richtig ausgeheilt ist. Während des Spiels spürt der Hund keinen Schmerz. Es ist daher sehr häufig, dass Hunde lang anhaltende Muskelprobleme haben. Ich erinnere mich an den Fall eines Deutschen Schäferhundes. Wir fanden heraus, dass er seit mehr als sieben Jahren an einer Muskelverletzung litt. Er hatte sich im Alter von sieben oder acht Monaten bei einem wilden Spiel verletzt. Als er acht Jahre alt war, kontaktierten mich die Besitzer, weil er schwere Verhaltensprobleme zeigte.

Je nach Schwere kann es zwischen zwei und sechs Wochen dauern, bis eine Muskelverletzung vollständig ausgeheilt ist. An eine Ruhepause sollten sich mehrere kurze ruhige Spaziergänge, vorzugsweise im Geschirr und an der Leine, anschließen. Ich empfehle, dabei den Rat eines Tierarztes oder Physiotherapeuten einzuholen.

RÜCKENPROBLEME

Bereits in den 1970er-Jahren bemerkte ich, dass manche Hunde aus unerklärlichen Gründen humpelten oder an anderen Bewegungseinschränkungen litten. Als ich begann, mit einem an Hunden interessierten Naprapathen zusammenzuarbeiten, kristallisierte sich schnell eine gemeinsame Ursache für diese Probleme heraus: Es war der Rücken beziehungsweise die Wirbelsäule und die sie umgebende Muskulatur.

Ich lernte, durch Beobachtung der Bewegungsdynamik von Hunden einzuschätzen, ob möglicherweise Rückenprobleme vorliegen könnten. In den entsprechenden Fällen zog ich einen Naprapathen hinzu. Dadurch eröffnete sich mir eine ganz neue Welt, in der viele Hunde mit schwierigem Problemverhalten nach einer Rückenbehandlung nahezu vollständig geheilt waren.

Im folgenden Jahrzehnt wuchs in Schweden das Interesse an der Untersuchung und Behandlung von Rückenproblemen bei Hunden. Chiropraktiker, Osteopathen, Masseure und andere Physiotherapeuten begannen, sich auf Hunde zu spezialisieren.

Es muss hier betont werden, dass wir nicht von irgendeiner Wirbelsäulenerkrankung sprechen, sondern von „blockierten" oder verschobenen Wirbeln, was auch bei Menschen häufiger vorkommt. Bei Wirbelsäulenerkrankungen oder -verletzungen sollte selbstverständlich ein Tierarzt aufgesucht werden. Falls ein Rückenspezialist beispielsweise den Verdacht auf das sogenannte Wobbler-Syndrom (kommt häufig bei Dobermännern vor) oder auf Spondylose (tritt bei mehreren Rassen gehäuft auf) äußert, müssen Sie unbedingt einen Tierarzt zurate ziehen.

In den 1990er-Jahren führte ich in Zusammenarbeit mit Physiotherapeuten und meinen Hundepsychologiestudenten eine Studie durch (11). Dabei untersuchten wir 400 schwedische Hunde. Wir hatten in Hundevereinen und an anderen Orten durch Plakate auf die Studie aufmerksam gemacht, indem wir eine kostenlose Rückenuntersuchung für die teilnehmenden Hunde anboten.

Zu dieser Zeit war die Studie die erste und einzige ihrer Art. Daher weckte sie beträchtliches Interesse, nicht nur in Schweden, sondern auch weltweit. Das größte Interesse meldeten die Vereinigten Staaten von Amerika an, nachdem eine Kurzfassung der Studie dort an einigen Orten veröffentlicht worden war. Bisher wurde die Studie auf Englisch, Deutsch, Spanisch, Italienisch, Dänisch und Russisch publiziert.

Die Studie lieferte zahlreiche interessante Erkenntnisse, allen voran die, dass über 60 Prozent der normalen Population von Hunden leichte oder auch schwerere Blockaden oder verschobene Wirbel haben. Viele Hunde wirken dadurch nicht beeinträchtigt. Andere sind ein wenig einge-

Rückenprobleme sind ncht selten die Ursache für aggressives Verhalten.

schränkt und wieder andere scheinen ziemlich stark darunter zu leiden. Bei Menschen ist es genauso. In der Regel sind Rückenprobleme die Folge von Muskelverspannungen im Rückenbereich. Diese können auftreten, wenn alte Zerrungen oder Verletzungen sich wieder verschlimmern, oder nach starker Beanspruchung. Viele dieser Probleme lassen sich mit Massagen und anderen Behandlungsmethoden lindern.

Es war nicht überraschend, dass die Studie einen klaren Zusammenhang zwischen Rücken- und Verhaltensproblemen, insbesondere Aggressionsproblemen, ergab. Indem sie Blockaden und verschobene Wirbel behandelten, konnten die Physiotherapeuten den Hunden wieder zu besserer Laune und harmonischerem Umgang mit anderen verhelfen.

Ein Deutscher Schäferhund, der sich anderen Hunden gegenüber sehr aggressiv zeigte, wurde zu einem Chiropraktiker gebracht. Das Problemverhalten verschwand nach nur einer Behandlung. Als es nach einiger Zeit in gemäßigter Form wieder auftrat, war lediglich eine erneute Behandlung nötig. Generell zeigte sich deutlich, dass die Behandlungen durch folgende Massagen und vorsichtiges Training ergänzt werden mussten, um dauerhafte Ergebnisse zu erzielen.

Problemverhalten lässt sich also sehr häufig ganz oder zumindest teilweise durch irgendein Rückenproblem erklären. Laut einer Studie besteht eine nahezu 80-prozentige Wahrscheinlichkeit, dass ein aggressiver Hund unter irgendeiner Art von Rückenproblemen leidet. Bei scheuen Hunden lag die Wahrscheinlichkeit in dieser Studie bei fast 70 Prozent.

Diese Zahlen sind statistisch aussagekräftig. Die Hunde sind aus medizinischer Sicht nicht krank, aber sie leiden dennoch. Häufig besserte sich ihr Verhalten nach einer physiotherapeutischen Behandlung.

Beunruhigend war, dass 25 Prozent der an der Studie teilnehmenden Hunde an Problemen im Halsbereich litten, die auf den Einsatz von Halsbändern und Rucken an der Leine zurückzuführen waren. Auch die Hunde, die lediglich stark an der Leine zogen, hatten Halsverletzungen erlitten. Dieses Ergebnis führte dazu, dass die Verwendung von Halsbändern infrage gestellt wurde (39) und die Leute mittlerweile eher zum Geschirr greifen.

PTBS – Posttraumatische Belastungsstörung

Der erhöhte Stresslevel, der nach einem oder mehreren Schockerlebnissen auftritt, wird als Posttraumatische Belastungsstörung (PTBS) bezeichnet. Den meisten Menschen ist nicht bewusst, dass diese Störung viele Hunde beeinträchtigt.

Erlebt ein Hund einen Schock, kann sich sein Verhalten für eine kurze Zeitspanne nach der unangenehmen Erfahrung verändern. Manchmal passiert das allmählich und ist dann schwer mit dem vorangegangenen Trauma in Verbindung zu bringen. Je nach Naturell des Hundes können verschiedenste Probleme auftreten, etwa dass er bei plötzlichen Geräuschen zusammenzuckt, Angst vor Dingen hat, die ihn zuvor nicht beunruhigten, oder beginnt, andere Hunde oder fremde Menschen zu bedrohen oder anzugreifen.

Einer schlimmer Schock oder wiederholte kleinere Traumen haben Veränderungen im Gehirn zur Folge. Das betroffene Individuum reagiert empfindlicher und emotionaler. Es ist, als würden kognitive Funktionen teilweise ihre Arbeit einstellen. Der Hund betrachtet die Welt als gefährlich und schaltet auf Alarmbereitschaft, um sowohl körperlich als auch geistig bereit für die Konfrontation mit der Gefahr zu sein. Dieser Geisteszustand muss sich ändern, bevor ein Training des Hundes möglich ist.

Das Phänomen des Schocks ist so häufig, dass wir davon ausgehen können, dass zwischen 50 bis 75 Prozent aller Hunde an einer mehr oder weniger ausgeprägten Posttraumatischen Belastungsstörung leiden. Eine Studie ergab, dass nahezu die Hälfte aller teilnehmenden Hunde, die in oder in der Umgebung von Städten lebten, wegen Feuerwerken mit PTBS vergleichbare Symptome zeigten (2). Unangenehme Dinge passieren den meisten Hunden im Verlauf ihres Lebens, etwa Eiszapfen, die von Dächern abfallen, unvermittelte Angriffe von anderen Hunden, fremde und bedrohlich wirkende Menschen. Es kann auch eine Flexileine sein, die mit hoher Geschwindigkeit eingezogen wird, ein Zusammenstoß mit einem Auto oder ein plötzlicher, heftiger Schmerz beim Hundefriseur oder Tierarzt.

FRÜHE SCHOCKS SIND AM SCHLIMMSTEN

Je früher in seinem Leben ein Hund einen Schock erleidet, desto schlimmer sind die Auswirkungen. Ein traumatisierter Welpe wird in der Regel sein ganzes Leben lang beeinträchtigt sein. Am Anfang können dabei Angstprobleme stehen: Der Welpe könnte vor Menschen oder Hunden Angst haben oder nur zögerlich nach draußen oder an bestimmte Orte gehen. Diese Angst kann leicht in Aggression umschlagen. In der Tat liegt bei vielen aggressiven Hunden ein traumatisches Erlebnis dem Problemverhalten zugrunde.

Vor 30 Jahren war es schwierig, diesen Hunden zu helfen. Dasselbe galt für Menschen, die einen Schock erlitten hatten. Heute weiß man jedoch mehr darüber, was bei einer PTBS passiert, vor allem über die Vorgänge im Gehirn, und daher sind die Wissenschaftler einer Lösung und Heilungsmöglichkeit nähergekommen.

DIE ROLLE DER ERNÄHRUNG

In den späten 1970er-Jahren stellte ich fest, dass traumatisierte Hunde einen höheren Nährstoffbedarf zu haben schienen. Ich begann, diesen Hunden zusätzliche Vitamine und Mineralstoffe zu füttern. Nach kurzer Zeit änderten viele Hunde ihr Verhalten, manchmal drastisch. Sie zeigten weniger Angst und Aggression und waren leichter zu trainieren. Aber auch wenn es den Hunden besser ging, war das noch nicht genug. Daher versuchten meine Mitarbeiter und ich einen Bereich genauer unter die Lupe zu nehmen, über den ziemlich wenig bekannt war: den Zusammenhang zwischen Ernährung und Verhalten.

Wir fanden bald heraus, dass B-Vitamine die wichtigste Rolle spielen. Vitamin B_6 ist an der Serotoninproduktion beteiligt, ein Neurotransmitter, der die Überaktivität im Gehirn dämpft. Verschiedene andere B-Vitamine haben ebenfalls eine ausgleichende und beruhigende Wirkung auf den Organismus.

Schocks scheinen sich negativ auf das Serotoningleichgewicht im Gehirn auszuwirken. Das wiederum führt dazu, dass der emotionale Teil des Gehirns schneller arbeitet. Niemand, der sich in diesem Zustand befindet, kann ruhig und besonnen agieren. Es ist leicht zu verstehen, dass ein betroffener Hund im Training so lange nicht aufnahmefähig ist, bis er sein inneres Gleichgewicht wiedergefunden hat.

Hilfe, da ist eine Fliege!

Im Winter bedeutet Draußenspielen Regen, Schnee und Eis an den Pfoten. Der Sommer ist dagegen eine wunderbare Zeit. Allerdings gibt es dann auch ein paar Dinge, die

Hier ist Vorsicht geboten – schnappt der Welpe nach der Biene, macht er womöglich eine sehr schmerzhafte Erfahrung, die eine Phobie auslösen kann.

einen Hund verletzen oder ihm Angst machen können, etwa Schlangen, Zecken oder zerbrochenes Glas am Boden. Umherfliegende Insekten zählen zu den beängstigenden Dingen. Wurde der Hund einmal von einer Wespe oder Biene gestochen, kann es sein, dass er das niemals vergisst.

EINTWICKLUNG EINER PHOBIE

Zu einer Phobie kann es durch absoluten Zufall kommen. Wird beispielsweise ein Welpe gestochen, wenn er Insekten jagt, kann der plötzliche Schmerz stark genug sein, um eine Phobie zu verursachen.

Ein anderer Grund könnte sein, dass ein Hundebesitzer mögliche Gefahren übersieht. So war ein Deutscher Schäferhund an einen Baum gebunden worden, um dort auf den Beginn einer Suche zu warten. Unglücklicherweise bemerkte der Hundebesitzer nicht, dass sich in den Wurzeln des Baumes ein Wespennest befand. Ein Schwarm aggressiver Wespen griff den Hund an. Nach diesem traumatischen Erlebnis konnte ihn selbst eine Fliege in totale Panik versetzen.

Ich habe so etwas schon aus nächster Nähe erlebt. Eines Tages sah ich den Hund eines Nachbarn, der mit einem langen Seil an einem Baum im Garten festgebunden war. Plötzlich schrie der Hund und rannte so weit weg, wie das Seil es zuließ, bevor er abrupt stoppte. Dann rannte er völlig panisch hin und her. Ich konnte keine Wespen oder anderen gefährlichen Dinge sehen, aber es war klar, dass sich der Hund vor irgendetwas sehr erschreckt hatte. Was ich wusste, war, dass dieser Hund zuvor Stiche von einem Schwarm Wespen abbekommen hatte und von diesem Erlebnis traumatisiert war. Nun reichte das Summen von Fliegen, damit der Hund in Panik geriet.

AUFGEPASST

Es ist wichtig, dass Sie immer auf Ihren Hund achten. Befindet sich in seiner Nähe ein Bienenschwarm oder ein Wespennest? Haben Sie in einem Gebiet ein ungewöhnlich hohes Insektenaufkommen bemerkt? Ist ein Ameisenhaufen in der Nähe? Falls Sie sich setzen oder Ihren Hund anbinden möchten, müssen Sie sich zunächst umsehen, ob es in der Umgebung etwas gibt, das ihn ängstigen oder verletzen könnte.

Lassen Sie Ihren Hund nicht unbeaufsichtigt, besonders dann nicht, wenn er irgendwo angebunden ist. Wenn Sie ihn selbst nicht im Auge behalten können, bitten Sie jemand anders darum. Falls Insekten den Hund in Panik versetzen und er kopflos umherrennt, könnte er sich verletzen, wenn er am Ende der Leine abrupt gestoppt wird. Trägt er ein Halsband, schlimmstenfalls ein Würgehalsband, können Kopf- oder Halsverletzungen die Folge sein. Aber auch mit einem Geschirr sind Verletzungen nicht ausgeschlossen.

Ein panischer Hund rennt möglicherweise auch um den Baum herum, an den er angebunden ist, wodurch die Leine immer kürzer wird. Wenn er schließlich nicht mehr weiterkommt, wird er versuchen, sich nach hinten aus dem Halsband zu winden, wobei er sich noch mehr wehtun oder sich sogar strangulieren kann.

UMGANG MIT PROBLEMVERHALTEN

Manche Rüden zeigen das Aufreiten nicht nur während der Paarung, sondern auch als Ausdruck von Stress.

SCHWIERIGE BEHANDLUNG

Ich habe viele Hunde mit Insektenphobie behandelt, und bei allen war es schwierig, ihnen zu helfen. Typisch für jede Phobie ist, dass sie durch eine erfolgreiche Flucht vor der Bedrohung verstärkt wird. Das ist der Grund, warum Hunde schon der Anblick oder das Geräusch einer Fliege beunruhigt. Als Hundebesitzer haben Sie keine Chance rechtzeitig zu reagieren, bevor der Hund in Panik gerät – und dann ist es zu spät, etwas zu tun.

Wurde ein Hund durch ein früheres Erlebnis mit Insekten traumatisiert, muss die anschließende Behandlung des Schocks mit der Gabe von B-Vitaminen und geeigneten Kräutern begonnen werden (14). Außerdem sollte ein Training aufgenommen werden, bei dem das Geräusch von Insekten nachgeahmt wird, etwa indem Sie dieses Geräusch selbst aufnehmen oder eine entsprechende Aufnahme finden. Das Geräusch nutzen Sie nun für Ihre Übungseinheiten während des Sommers, bis der Hund nicht mehr darauf reagiert.

Wichtig ist, das Training langsam zu beginnen und das Geräusch so leise abzuspielen, dass es für menschliche Ohren kaum wahrnehmbar ist. Steigern Sie die Lautstärke allmählich, aber keinesfalls zu schnell. Während das Geräusch abgespielt wird, sollte der Hund mit etwas beschäftigt sein, das er gern tut, etwa einen Kauknochen kauen oder nach Leckerchen suchen. Wenn Sie zu schnell vorgehen, kann das zu Rückschlägen führen. Also überstürzen Sie nichts!

Die Phobie kann nach einiger Zeit wieder auftreten. In der Lernpsychologie spricht man von „spontaner Erholung eines konditionierten Reflexes". Etwas, das vergessen war, kommt nach längerer Zeit wieder hoch. Sie müssen daher mit dem Hund im zeitigen Frühjahr üben, bevor die Insekten kommen. Häufig beanspruchen diese erneuten Übungseinheiten nicht besonders viel Zeit.

Kastration ist keine gute Lösung

Heute werden männliche Hunde oft kastriert. Manchmal ist es der erste Vorschlag von Tierärzten, wenn Besitzer berichten, dass ihr Hund Artgenossen angreift. Auch andere Leute raten dann häufig zur Kastration.

Die Chancen, dass die Kastration das Problem tatsächlich löst, sind jedoch nicht besonders groß. Laut Statistiken führt eine Kastration als Mittel gegen Aggression nur in 60 Prozent der Fälle zum Erfolg. Die Erfolgsraten sind nur wenig höher, wenn es um die „Behandlung" sexueller Fixierung oder übermäßigen Schnüffelns geht (17).

ES GIBT VORTEILE – ABER AUCH NACHTEILE

Erwachsene Rüden haben es nicht leicht, wenn Hündinnen läufig sind. Sie leiden dann nicht nur, sondern sie verhalten sich möglicherweise auch aggressiver gegenüber anderen Rüden, haben so wenig Appetit, dass es gesundheitlich bedenklich ist, sind gestresst und reiten auf Menschen, andere Hunde oder Tiere und Möbelstücke auf. Nach einer Kastration geht ein Rüde vielleicht etwas leichter durchs Leben.

Die Veränderungen, die ein Rüde aufgrund einer Kastration durchmacht, können jedoch groß und auch negativ sein. Er kann übermäßig viel Appetit haben und geradezu süchtig nach Futter werden, als wäre er ständig hungrig. Möglicherweise wird er auch viel ruhiger oder sogar lethargisch. Mit dem Alter steigt das Risiko einer Schilddrüsenerkrankung. Zudem könnten intakte Rüden den kastrierten Rüden als Hündin wahrnehmen und versuchen, sich mit ihm zu paaren. Aus dem gleichen Grund kann es passieren, dass Hündinnen sich ihm gegenüber aggressiv zeigen. Einige kastrierte Rüden zeigen auch Symptome einer Depression.

DIE ZUCHTZIELE SIND DAS PROBLEM

Der Grund, warum sich so viele Hundebesitzer für eine Kastration entscheiden, ist, dass der Rüde sich „übermäßig männlich" verhält. Seit mehr als 25 Jahren werden besonders männliche Rüden von Richtern bei Hundeausstellungen für ihre „gute sexuelle Ausstrahlung" ausgezeichnet. Leider bestimmt das, was die Richter für schön halten, die Zuchtprogramme: Weil die meisten Züchter bei Ausstellungen hohe Punktzahlen erreichen möchten, züchten sie weiterhin solche Hunde.

Das Erscheinungsbild eines Hundes ist jedoch das Letzte, auf das man beim Züchten achten sollte. Viel wichtiger sind rassebedingte Erkrankungen, Temperament und eine gute Anatomie. Wenn man eine gute Grundlage für die Zucht schaffen möchte, reicht es nicht, sich die zukünftigen Eltern der Welpen anzusehen. Man muss in die Beurteilung auch die Geschwister der Eltern sowie nahe Verwandte miteinbeziehen.

Schaffen Sie sich niemals einen Welpen nur deshalb an, weil seine Eltern bei Ausstellungen erfolgreich waren. Versuchen Sie lieber, einen Welpen von einem Züchter zu bekommen, der nachweislich Wert auf körperlich und geistig gesunde Hunde legt.

ETHISCHE ÜBERLEGUNGEN UND ALTERNATIVEN

Züchter sollten gesunde Hunde züchten, die im Leben und mit Artgenossen gut zurechtkommen!

Die Kastration ist ein Eingriff, der negative Folgen haben kann. Es ist daher unethisch, einen Hund aus Bequemlichkeit kastrieren zu lassen, nur weil er zu oft schnüffelt und pinkelt oder weil man bei Spaziergängen alle Hände voll zu tun hat, ihn unter Kontrolle zu halten. Bevor eine endgültige Entscheidung getroffen wird, sollte der Tierarzt den Hundebesitzer über die Vor- und Nachteile der Operation aufklären.

Es gibt eine Alternative zur Kastration, und ich finde es eigenartig, dass sie nicht von mehr Tierärzten vorgeschlagen wird.

Die erste Wahl von Tierärzten sollte die chemische Kastration sein, eine Methode, die eine vorübergehende Lösung darstellt. Dem Hund wird mit einer Injektion oder über Tabletten das Schwangerschaftshormon Progesteron verabreicht, welches das männliche Sexualhormon Testosteron hemmt. Ich empfehle in der Regel die Gabe von Tabletten, damit sich die Behandlung leicht abbrechen lässt, wenn der Hund negativ darauf reagiert. Die Wirkung einer Injektion hält etwa drei Monate an.

Diese chemische Alternative ermöglicht es, die Reaktion des Hundes und die Verhaltensänderung nach einer tatsächlichen Kastration einzuschätzen. Nicht ratsam ist es jedoch, Medikamente zur chemischen Kastration über längere Zeit einzusetzen, denn sie könnten das Risiko für Tumorerkrankungen erhöhen.

Deslorelin ist ein weiteres Hormon, das bei der chemischen Kastration zum Einsatz kommt. Es stoppt die Produktion der Sexualhormone Testosteron und Östrogen. Ein Implantat mit diesem Hormon wird in die Haut des Hundes eingesetzt. Die Wirkung hält bis zu sechs Monate an.

Außerdem gibt es noch zahlreiche Kräuter und Pflanzen, die mikroskopisch kleine Mengen des weiblichen Hormons Östrogen beinhalten. Diese sogenannten Phytoöstrogene können die Wirkung von Testosteron unterdrücken. Sie sind zum Beispiel in Soja, Johanniskraut, bestimmten Linsen- und Sprossenarten, Lakritzwurzel und Hopfen enthalten. Johanniskraut kann auch Angst oder Aggression mindern. Es sollte jedoch in Absprache mit einem Tierarzt verabreicht werden, da es zu Wechselwirkungen mit anderen Medikamenten kommen kann. Haarlosen Hunden sollte man kein Johanniskraut geben, weil es die Haut lichtempfindlicher macht. Bitte beachten Sie außerdem, dass Lakritzwurzel den Blutdruck erhöhen kann. Auch sie sollte Hunden also nur nach Rücksprache mit einem Tierarzt verabreicht werden. Vielleicht werden Phytoöstrogene in Zukunft die Alternative der ersten Wahl sein, um die Wirkung von Testosteron bei Rüden zu mindern.

Aber auch das ist nicht die absolute Lösung. Wir sollten nicht akzeptieren, dass Hunde spezielle Medikamente oder eine Operation brauchen, um zu „funktionieren". Die Verantwortung liegt bei den Züchtern. Sie sollten gesunde Hunde züchten, die im Leben gut zurechtkommen!

QUELLEN

1. Anderson, S. Es.:
Pet animals and society.
British Small Animal Vet. Ass., The Macmillan Publishers Company Inc. N.Y. 1975

2. Axelsson, A.:
Fyrverkerirädsla hos hund (Fire-Works phobia in dogs).
Thesis in psychology, Karlstad University, 1994

3. Benjaminsson, T.:
Helstryp kontra sele - en studie om dess påverkan på hunden (Choke collar versus harness, a study on the effects on the dog).
Thesis 331, Swedish Agricultural University, Skara 2010

4. Berge, E. (auf Zahprobleme spezialisierter Tierarzt aus Norwegen): pers. comm. 2012

5. Blackwell, E. J., et al.:
The relationship between training methods and the occurrence of behavior problems, as reported by owners, in a population of domestic dogs.
In: Journal of Veterinary Behavior: Clinical Applications and Research. Volume 3, issue 5, 207–217, 2008.

6. Brinkman, M.:
Optik no. 1/2005
(schwedische Fachzeitschrift für Optiker)

7. Diamond, M.:
Journal of Comparative Neurology,
Volume 131, Issue 3, 357-364, 1967

8. Dickey, Parker & Feld:
Endocr. Pract.
2003, Jan–Feb; 9 /1/: 5–11/

9. Ekman, H.:
Vargen (The Wolf).
Nordstedts förlag, Stockholm 2010

10. Friedmann, E., et al.:
Effect of a pet on cardiovascular responses during communication by coronary prone individuals.
In: Living Together: People, Animals and the Environment; Delta Society Conference, 1986

11. Hallgren, A.:
Rückenprobleme beim Hund, Untersuchungsreport.
Animal Learn Verlag, Bernau, 2003

12. Hallgren, A.:
Gute Arbeit!: Über die Eignung und Motivation von Arbeitshunden.
Animal Learn Verlag. Bernau, 2005

13. Hallgren, A.:
Das Alpha-Syndrom.
Animal Learn Verlag. Bernau, 2006

14. Hallgren, A.:
Stress, Angst und Aggression bei Hunden.
Cadmos Verlag, Schwarzenbek, 2011

15. Hallgren, A.:
Mentales Training für Hunde.
Cadmos Verlag, Schwarzenbek 2003/2012

16. Harlow, Harry F.:
Love in infant monkeys.
In: Scientific American 200(6), 68, 70, 72–73, 74, 1959

17. Hart, B. L. & Hart, L. A.:
Canine and feline behavior therapy.
Lea & Febiger, Philadelphia, 1985

18. Hiby, E. F. et al.:
Dog training methods: their use, effectiveness and interaction with behaviour and welfare.
In: Animal Welfare, No. 13: 63–69, 2004

19. Iacoboni, M.:
Mirroring people: the new science of empathy and how we connect with others.
Picador, Farrar, Straus and Giroux, NY, 2008

20. Jensen, P.: pers. comm, 2012

21. Langer, E. & Rodin, J.:
The effects of choice and enhanced personal responsibility for the aged: A field experiment in an institutional setting.
In: Journal of Personality and Social Psychology, 34, 1976

22. Levinson, B.:
Pet-oriented child psychotherapy.
Charles C. Thomas, Publisher, Illinois, 1969

23. Lockard, J. S.:
Choice of a warning signal or no warning signal in an avoidable shock situation.
In: Journal of Comparative and Physiological Psychology 56, 526–530, 1969. Ref. in Jensen, P. (ed.): The Behavioural Biology of Dogs, CAB International, Oxfordshire, 2007

24. Magnusson, E.:
Parental investment hos tamhund
(Parenthal investment by domestic dogs).
D/E-thesis, Department of Zoology, Stockholm University, 1981

25. Malm, K.:
Dominans, ett problem av rang. (Dominance, a high-ranking problem)
In: Hundsport, No. 11/93. The Swedish Kennel Club Magazine, Stockholm, 1993

26. Mech, D.:
The wolf.
Natural History Press, Garden City, N.Y., 1970

27. Miklósi, Á.:
Dog Behaviour, Evolution and Cognition.
Oxford University Press, USA, 2008

28. Murie, A.:
The wolves of Mount McKinley.
In: U.S. Dept. Intl. Fauna Series, No. 5, Washington, US Government Printing Office, 1944

29. Patientföreningen Hundartros (Schwedische Organisation für Arthrose bei Hunden):
www.hundartros.se

30. Pauli, A. M., Bentley, E., Diehl, K. A., Miller, P. E.:
Effects of the application of neck pressure by a collar or a harness on intraocular pressure in dogs.
In: Journal of the American Hospital Association. volume 42(3):207–11, 2006

31. Rowell, T. E.:
The concept of social dominance.
In: Behavior Biology. II: 131–154, 1974

32. Schilder, M. & van der Borg, J.:
Training dogs with help of the shock collar; short and long term behavioural effects.
In: Applied Animal Behavior Science 85, 2004

33. Seligman, M.:
Helplessness: on depression, development and death.
San Francisco, Freeman, 1975.

34. Thoresen, A.: pers. comm., 2009

35. Weiss, J. M.:
Psychological factors in stress and disease.
In: Scientific American No. 22, 104–113, 1972

36. White, K.:
The Pixie Club for slow learners.
In: Society for Animal Companion Studies (SCAS) Newsletter. No. 5, 1983

37. Wilson, E.:
Maternal effects in behavior of juvenile and adult dogs.
PhD Thesis, Department of Zoology, Stockholm University, 1997

38. Zimen, E.:
The wolf – a species in danger.
Delacorte Press, New York, 1981

39. www.sagnej.n.nu

40. www.assistenthunden.se

STICHWORTREGISTER

Abkürzen .... 40 f.
Aggression 14, 27, 37, 46, 63, 74, 76, 85,
.... 100, 121, 132 f., 136, 138, 140
Angst .... 27, 31 f., 37, 46, 62, 73, 77 f., 93, 95 ff.,
.... 100, 103, 108, 116, 121, 123, 132 ff., 138
Aufmerksamkeit 15, 32, 58, 67, 81, 85

Bedürfnisse .... 9, 49, 52 ff., 113, 117
Begrüßungsrituale .... 43 ff.
Beißhemmung 76
Beschäftigung, geistige .... 94, 96, 97, 100 f.,
.... 113, 115 f.
Beschützerverhalten .... 16 f., 126
Bestrafung .... 9, 76 ff., 83, 87 f., 89, 97,
.... 98, 107 f. 124
Bewegung 31, 48, 67, 93, 95, 112, 117
Bindung 14, 37, 49 56, 62, 89

Clickertraining 35, 74, 91
Cortisol .... 47, 56, 59, 77 f., 98, 110

Domestikation 36, 48, 65, 72
Dominanz .... 61 f., 75 f., 107

Eigeninitiative .... 86, 88 ff., 93, 97
Einfühlungsvermögen 31, 51, 54, 57
Emotionen .... 27, 35, 41 f., 115
Energie, aufgestaute .... 78, 87, 102 f.
Ernährung 133
Erziehungshalsband .... 119 f.

Führungsqualitäten 51, 64, 97, 108

Gehorsam .... 51, 78 f., 84, 86, 91 ff., 97, 118
Geschirr .... 77, 118 f., 130, 132, 134

Hilflosigkeit, erlernte .... 49, 88 f.
Hochspringen 18, 34, 98, 112, 127

Jagdspiele .... 80, 94 f., 110 f.

Kastration .... 136 ff.
Kinder .... 23 ff., 37, 44, 56, 57, 63, 74, 83 ff., 94
Konditionierung, operante 34, 91
Konflikt .... 18, 33, 43, 63, 73, 76 f., 84, 97
Kooperation .... 38 f., 67 f., 73, 113, 118
Körperkontakt .... 14 f., 15, 54 f., 76
Körpersprachliche Signale 24, 37, 62, 76, 109

Leinenruck .... 120 f.

Motivation 41, 79, 80, 98
Muskelprobleme .... 128 f.

Nachahmen .... 70, 72 f., 95

Oxytocin 23, 56

Passivitätstraining 87
Phobie .... 133 ff.
Problemverhalten .... 77 ff., 98, 102, 107 ff.

Rangordnung .... 61 ff. 88
Rauchalarm-Training .... 21 f.
Regeln .... 27, 43 f., 57, 63, 84, 96, 113
Rollenverteilung 70, 71
Rückenprobleme .... 127, 128, 130 f.

Scheinschwanger 38, 71
Schock .... 47, 98, 132 f., 135
Servicehunde .... 24 f., 39, 58
Soziale Interaktion .... 36 f., 42, 49, 67, 73, 93, 121
Sozialisierung 96, 113, 121
Spiegelneuronen .... 57 ff.
Streit 18, 33
Stress .... 27 f., 46 ff., 59, 61, 80,
.... 108, 110, 129, 135
Stresshormone .... 46 f., 110
Synchronisierung .... 38 f., 45, 86

Tierschutzgesetze 9, 98

Überforderung .... 108, 110 f., 115
Übermut 97
Umwege .... 40 f.
Ungehorsam 64, 84, 93, 97
Unterforderung .... 108, 111 f.
Unterwerfung .... 19, 61 ff., 76
Unterwürfigkeit .... 19, 29, 32 f., 43, 45,
.... 61, 95 f., 98, 122

Verbote .... 87 f.
Versuch und Irrtum 95
Vorbild .... 51, 65, 71, 73 f., 129

Wölfe .... 13 ff., 36 ff., 43, 48, 61 ff., 65, 68 ff.,
.... 75 f., 94 f., 110 f., 113, 121
Würgehalsband .... 77, 79, 118 f., 134

Zeitempfinden 29
Zwinger 48, 75, 78

CADMOS
Hundebücher

Inka Burow
Das große Handbuch Clickertraining

Die Clicker-Enzyklopädie ist da! Der umfassende lexikalische Teil erklärt die Theorie der positiven Verstärkung in alphabetisch sortierten Stichworten, wobei Querverweise immer wieder die Zusammenhänge verdeutlichen. Im Anschluss stellen zahlreiche Fallbeispiele den Bezug zur Praxis her. Sie zeigen, was mit Clickertraining alles möglich ist, und ermutigen zum kreativen Umgang mit diesem Prinzip.

144 Seiten, farbig, gebunden
ISBN 978-3-8404-2029-0

 alle Bücher auch als E-Book erhältlich

Kathrin Schar/Thomas Riepe
Hunde halten mit Bauchgefühl

Dieses Buch zeigt, wie sich mit Verständnis für das Wesen und die Bedürfnisse des Hundes, einer ordentlichen Portion Empathie für den vierbeinigen Begleiter und nicht zuletzt Vertrauen in das eigene Bauchgefühl eine stabile Basis für ein glückliches Miteinander schaffen lässt – ganz ohne spezielle Erziehungs- oder Trainingsphilosophie.

128 Seiten, farbig, broschiert
ISBN 978-3-8404-2031-3

Falconer-Taylor, Neville, Strong
Emotionen einschätzen, Hunde verstehen

Dieses Buch hilft Emotionen des Hundes und ihre Bedeutung für das Auftreten von Verhaltensproblemen zu verstehen. Hauptinhalt ist die Anwendung des EMRA™-Systems in der Praxis, welche im Rahmen von sechs ausführlichen Fallbeispielen zu verschiedenen Problemverhalten (Individuelle Einschätzung – Therapie – Ergebnis) dargestellt wird.

96 Seiten, farbig, broschiert
ISBN 978-3-8404-2507-3

Katharina Henf
Mein Hund macht nicht was er soll

Hundehalter werden im Alltag oft mit Problemen konfrontiert: Der Hund kommt nicht, wenn er gerufen wird, jagt Joggern und Radfahrern hinterher, zieht an der Leine oder pöbelt Artgenossen und andere Tiere an. Manchmal geht es sogar so weit, dass er den eigenen Besitzer anknurrt oder nach ihm schnappt. Das Buch zeigt Lösungsansätze auf der Basis positiver Verstärkung für typische Hundeprobleme.

80 Seiten, farbig, broschiert
ISBN 978-3-8404-2034-4

Nicole Röder
Raus aus dem Körbchen rein ins Vergnügen

Hunde sind agile und clevere Vierbeiner, deren Potenzial häufig aus Zeitmangel oder Ideenlosigkeit nicht voll ausgeschöpft wird. Doch schon mit wenig Aufwand lässt sich der Spaziergang aufpeppen und ganz nebenbei eine bessere Verständigung zwischen Hund und Mensch erreichen. Von kreativen Ideen für Regentage bis zu Outdoor-Action bietet dieses Buch eine Fülle von Spiel- und Beschäftigungsvorschlägen mit positiven Nebenwirkungen.

128 Seiten, farbig, broschiert
ISBN 978-3-8404-2023-8

Cadmos Verlag GmbH · Möllner Straße 47 · 21493 Schwarzenbek
Telefon 04151 87 90 70 · Fax 04151 87 90 7-12
Besuchen Sie uns im Internet: www.cadmos.de